La société de la peur

Christophe Lambert

La société de la peur

PLON

ISBN 2.259.20297.7

Pour Camille, Rébecca, Lalo.

« Quand vous la rencontrerez, regardez-la en face, croisez-vous entre ses cornes. C'est l'unique façon de la vaincre avant qu'elle ne vous empêche de rester maîtres de vos vies. »

Introduction

La vague tueuse qui a ravagé les rives de l'océan Indien au mois de décembre dernier a détruit des dizaines de milliers de vies. Elle a aussi fracassé le dernier rêve occidental : celui du paradis sur terre à portée de carte bancaire. Le seul bienfait généralement reconnu et directement accessible de la mondialisation s'est transformé en cauchemar le lendemain même des fêtes de Noël.

Les vacances et le luxe bon marché de ces plages lointaines étaient peut-être le dernier espace où nous pouvions échapper un moment à nos peurs. Là, sur quelques milliers de mètres carrés d'une nature à l'innocence artificielle soigneusement entretenue, nous aimions pouvoir croire à l'insouciance. La peur, cette peur qui envahit nos sociétés jusqu'à les conditionner, n'avait pas encore obtenu le droit de s'inviter sur le territoire de nos rêves. Les effets mécaniques de la tectonique des plaques ont ouvert une brèche qui ne se refermera pas de sitôt.

En moins de trois décennies, la peur aura donc tout submergé, tout saccagé. Peur de l'avenir, peur de l'autre, peur de la maladie qui tourne à l'épidémie, peur de la mondialisation, peur de l'environnement, peur de ce qui se trouve dans nos assiettes, peur du bagage suspect qui bloque gares et aéroports, et maintenant peur de ces destinations paradisiaques qui nous aidaient à supporter un quotidien anxiogène.

Les sociétés occidentales s'étaient pourtant relevées de l'après-guerre en construisant une société de l'espoir. La liberté retrouvée, la prospérité, les progrès de la santé publique et de l'Etat providence ouvraient des perspectives radieuses à une Europe convalescente bien décidée à s'unir après des siècles de guerres fratricides. L'idéologie communiste offrait même l'alternative des lendemains qui chantent à ceux qui n'adhéraient pas au vaste programme social-démocrate ou démocrate-chrétien, c'est selon, alors mis en œuvre dans tout le monde occidental. D'une certaine façon, l'espoir n'excluait personne car chacun avait le sien. Une SIMCA 1000 pour les uns, l'Internationale socialiste pour les autres. L'un n'était pas nécessairement exclusif de l'autre.

Mai 68 fut le point d'orgue de cette société-là. Depuis vingt ans tout était possible. Désormais tout serait permis. La liberté sexuelle entrait dans la danse. Elle devenait la nouvelle frontière d'un pays qui venait de perdre son vieil empire colonial. Une France déjà repue allait s'employer à faire tomber ses dernières frustrations : celles du sexe. La génération élevée dans l'abondance des choses voulait jouir de la liberté des corps. Elle ne s'en priva pas. Pendant l'hiver glacé de 1954, l'abbé Pierre s'était levé contre la misère matérielle des exclus de la reconstruction. Daniel Cohn-Bendit, lui, choisit le joyeux printemps 68 pour se révolter contre la misère sexuelle des étudiants de Nanterre qu'un règlement inique empêchait d'accéder aux chambres des filles. En quinze ans, les bidonvilles de Nanterre avaient cédé la place à une université et la notion de misère s'était diablement élargie. La société du progrès née après la guerre renouvelait ainsi, décennie après décennie, le réservoir de ses promesses. Il paraissait inépuisable. Philosophes, industriels, politiques et publicitaires s'employaient sans cesse à l'alimenter.

Paradoxalement, l'équilibre né de la terreur nucléaire et l'organisation d'un monde bipolaire assuraient un demi-siècle de paix relative et de stabilité à une Europe avide de découvrir les joies de la consommation et des loisirs. Les deux camps étaient bien identifiés, la frontière entre l'Est et l'Ouest impeccablement tracée et le « parapluie atomique » protégeait le monde libre des coups de chaleur de la guerre froide. La technologie, au fond, rassurait tout le monde. Le nucléaire n'était pas si méchant, et la bombe atomique participait d'une certaine façon à la modernité. Elle était là quand le monde voulait se faire peur et manifester, à intervalles réguliers, son pacifisme, mais personne ne croyait vraiment à l'hypothèse d'un grand soir nucléaire. Les quelques oiseaux de mauvais augure qui annonçaient, pour demain, le défilé des chars russes sur les Champs-Elysées faisaient rire tout le monde. Ils jouaient les clowns tristes sur des plateaux télévisés pavoisés aux couleurs des *seventies*, marron, orange et vert. L'Empire soviétique était en train de vaciller sur son socle nucléaire. Personne ne le savait mais tout le monde, inconsciemment, le pressentait.

Jusqu'à l'élection de François Mitterrand en 1981, les Français qui avaient découvert la crise économique sept ans plus tôt restaient encore persuadés que la politique pouvait changer la vie et façonner une société meilleure. On parlait même à l'époque des « forces de progrès » – le mot a depuis longtemps disparu du vocabulaire politique – pour désigner une gauche qui devait porter les espoirs d'un pays en mal de ses Trente Glorieuses. La crise n'était qu'un simple trou d'air. La France croyait dur comme fer que changer de politique lui ferait renouer avec l'espoir. Elle supporte encore aujourd'hui les conséquences de ce contretemps historique. Au moment où les grandes puissances atlantiques entamaient leur révolution libérale, la France, elle, se lançait dans l'expérience socialiste. Le 10 mai 1981, les Français ont fait le choix d'adoucir le système capitaliste plutôt que d'affronter les exigences de la nouvelle économie mondiale. C'était il y a près de vingt-cinq ans, et le résultat fut inverse.

En effet, ce quart de siècle a vu la société de l'espoir construite sur l'optimisme de l'après-guerre céder la place à une société du doute, puis de la peur. Le doute s'est instillé lentement sans que nous prenions conscience du basculement psychologique qu'il induisait à terme. Une succession d'alertes ébranlèrent le système mais il restait debout. La forteresse du modèle social français semblait imprenable. Les crises économiques, sociales et politiques qui se sont succédé ces dix dernières années ont montré, à l'inverse, la faiblesse de nos défenses. Plus il est protégé, moins notre organisme social produit d'anticorps. Avant-hier, la citadelle de nos certitudes était inattaquable, hier encore elle était simplement assiégée, aujourd'hui elle attend dans l'angoisse le dernier assaut qui pourrait l'emporter.

La France est maintenant un camp retranché miné de l'intérieur par les cinq plaies de la postmodernité. Déprimée, bloquée, irréformable, négative, paranoïaque, tels sont aujourd'hui les qualificatifs d'une société dominée par ses peurs. Autant de plaies qui marquent un corps social souffrant et affaibli. Autant de fléaux modernes plus insidieux que spectaculaires qui menacent les fragiles équilibres de nos sociétés démocratiques et surdéveloppées. Autant de risques pour un avenir incertain.

La société française déprime. C'est une société qui non seulement ne sait plus espérer, mais qui ne sait plus désirer. La perte de l'envie est le principal symptôme de la dépression chez tous ceux qui souffrent de cette affection. Il en est de même, à l'échelle de toute une collectivité, pour une société qui désespère. En effet, si, selon le vieil adage, l'espoir fait vivre, la peur, elle, déprime. La société française n'a plus d'envies. Même la consommation, qui est pourtant le domaine d'une satisfaction individuelle et immédiate, ne suffit plus à la susciter. La société de consommation ne se reconnaît pas dans la société de la peur. Seule une société de confiance autorise ses membres à s'adonner au plaisir de la possession et de la jouissance des choses. La société de la peur invite au repli et à la rétention, elle n'est même plus capable de jouir.

Déprimée, cette société est aussi une société bloquée, incapable d'évoluer et surtout d'avancer. Inhibés par leurs peurs multiples, les Français refusent de prendre le risque de changer les choses. Pendant des siècles, l'espoir était devant nous. Le progrès technique, les avancées démocratiques, la prospérité économique assuraient un avenir meilleur que le présent. Chaque génération travaillait pour le bien-être de la génération suivante. La France savait se fixer des objectifs nationaux, et chacun pouvait se reconnaître dans ce destin collectif. La génération née entre les deux guerres, celle de mes grands-parents, a voulu pour ses enfants une France prospère dans une Europe en paix. La génération de l'après-guerre, celle de mes parents, a voulu pour nous une société libérée de ses pesanteurs et de ses injustices. Notre génération, persuadée que le progrès social a une fin, cherche à préserver ce qui lui a été donné sans être certaine de conserver pour ses propres enfants les avantages dont elle a elle-même bénéficié. La société française n'est plus aujourd'hui qu'un conglomérat de groupes et de communautés aux intérêts trop souvent divergents. Le repli sur soi et le culte de l'individualisme ont très largement contribué à l'essoufflement de toute ambition collective. Les Français n'ont pas plus envie de se reconnaître dans un projet national que dans un avenir européen. Même l'identité de la France est devenue un sujet de discussion et d'affrontement, un objet de doute. Seul le passé semble offrir des certitudes. De là une société nostalgique où des trentenaires désabusés oublient de regarder l'avenir en face en dansant sur la musique de *L'Ile aux enfants* ou en se gavant des séries télévisées de leur enfance. Ce ne sont plus les lendemains qui chantent mais les jours anciens qui enchantent, et les révolutionnaires d'aujourd'hui sont avant tout des réactionnaires farouches. Il n'est pas jusqu'à la mode qui, au lieu d'explorer des voies nouvelles, se nourrit essentiellement du *revival* des formes et des couleurs adoptées par les décennies précédentes.

Société nostalgique, la société française n'est pas seulement repliée sur ses souvenirs, elle l'est aussi sur ses acquis. Cette société, persuadée que le progrès est mort, cherche coûte que coûte à maintenir le statu quo. Dès lors, la question qui agite la société n'est plus celle des futures conquêtes à conduire mais bien celle des anciens acquis à protéger. Tout changement apparaît comme suspect a priori. C'est ce que Françoise Dolto, décrivant la psychologie adolescente, avait désigné comme le complexe du homard. Lorsqu'il mue et change de carapace, le jeune crustacé se retrouve à découvert, proie facile pour les prédateurs. La société française est dans la même situation. Protégée par une vieille carapace, celle de la république sociale née après la guerre, la France hésite à s'en séparer pour retrouver une nouvelle forme de protection adaptée à un nouvel environnement et susceptible d'affronter les défis qui s'accumulent et que nous avons cessé, depuis longtemps, de relever. A la différence des crustacés que leur instinct pousse à quitter une carapace qui autrement les étoufferait, les Français refusent de réformer le système qui les protégeait. Une société qui ne pourra se réformer que si la classe politique se décide enfin à répondre aux peurs paralysantes de la société, au lieu de les exploiter. Si elle se refuse à céder au populisme, si prompt à surgir sous ces temps troublés, et tient à la France le langage du courage et du sang-froid. Notre pays a besoin d'entendre de accents churchilliens plutôt que des langages aux relents poujadistes. Car, à trop exploiter les peurs, on attise inévitablement les haines. Les haines destructrices du corps social et de l'unité nationale qui bloqueraient encore davantage la société française.

Car une société qui se révèle incapable de se réformer, c'est une société qui, d'une certain façon, refuse de s'engager. C'est une société qui préfère dire non plutôt que de prendre le risque de dire oui. Dire oui c'est prendre un risque majeur, celui de se tromper. Or aujourd'hui, dans notre pays, plus personne ne croit à une seconde chance, aussi personne ne veut plus prendre le moindre risque, et surtout pas celui-là. Cette peur de l'erreur d'aiguillage est devenue obsessionnelle. Elle commence dès l'enfance avec cette crainte que partagent tous les parents de choisir la mauvaise école puis la mauvaise filière pour leurs enfants. Ainsi les propositions d'orientation sont-elles systématiquement refusées de prime abord par crainte de faire faire aux enfants une erreur fatale pour l'avenir. Cette peur de s'engager porte en elle le risque de l'immobilisme. La même se retrouve bien sûr dans les grands choix historiques comme la Constitution européenne. Dire oui, c'était s'engager sur une voie inconnue, celle de la construction d'une nouvelle Europe. En votant non, une partie des Français ont cru limiter les risques. Ils n'ont fait, au mieux, que les enterrer.

Enfin, cette société paralysée par ses angoisses est aussi devenue une société de la victimisation. Dans l'incapacité d'assumer la responsabilité de leur existence et d'être pleinement acteurs de leur propre vie, les Français se posent en victimes. Victimes de la société de consommation. Victimes de la société de marché. Victimes de l'insécurité. Victimes de l'Histoire même, Histoire qui est désormais régulièrement traduite devant le tribunal de l'opinion médiatique comme si les choix et les actes de nos prédécesseurs étaient devenus insupportables à une société incapable de choix et d'actions. Ce discours de la victimisation est apparu il y a bientôt trente ans, alors que la société florissante des Trente Glorieuses commençait à montrer de sérieux signes de faiblesse. C'était là une explication facile et déculpabilisante de tous les dysfonctionnements possibles de la communauté nationale. Car le mal est bien là. Les Français ont peur de faire des choix, car ils craignent plus que tout de porter une quelconque responsabilité dans ce qui leur arrive. Il leur faut à toute force désigner des boucs émissaires ou trouver une explication idéologique à leurs problèmes. Ce ne peut pas, ce ne doit pas être leur faute.

Ainsi la société de la peur souffre-t-elle de maux multiples qui la gangrènent et la paralysent. Cette société est arrivée aujourd'hui au terme des soins palliatifs qui lui sont prodigués, depuis trop longtemps, par une classe politique édredon. Depuis vingt ans, la France accumule les systèmes de protection et les barrières de sécurité sans parvenir à retrouver le rythme vertueux de la croissance et donc la confiance. Le rebond est devenu indispensable, faute de quoi le déclin pourrait devenir décadence et la crise sociale se transformer sous peu en crise de régime. A moins qu'un basculement ne soit déjà à l'œuvre.

Ce livre voudrait montrer comment, entre la fin du XXe siècle et le début du XXIe siècle, dans le changement du siècle, la France est passée d'une société de l'espoir à une société du doute, puis de la peur. En 1988, la campagne présidentielle de François Mitterrand proposait encore aux Français de « faire » le progrès ensemble. L'année dernière, l'ouvrage de Jacques Blamont, *Introduction au siècle des menaces* [1], remportait un large succès de librairie qui en dit long sur l'impact de son titre sur nos psychologies alarmées. Une bonne décennie aura suffi pour remplacer le progrès par les menaces. Des années de crises à répétition, une montée du chômage à peine

1. Odile Jacob, 2004.

interrompue par de courtes périodes de rémission, l'accumulation de bouleversements historiques inconcevables dans le monde figé de Yalta ont rendu la trajectoire de notre société de plus en plus difficile à lire. La France a l'impression d'avancer à tâtons vers l'inconnu, ce qui ne lui était pas arrivé depuis les années 1930.

Cette analyse voudrait comprendre et décrire ce passage entre deux mondes. Comprendre les ressorts de la société de la peur doit permettre de mieux la décoder pour agir avec efficacité et pour communiquer avec davantage de justesse. Mais, au-delà, nous voulons déceler les prémisses d'une société qui s'avance. Cette autre société qui doit nécessairement se relever pour se préparer au sursaut. La peur, aujourd'hui encore, nous aveugle. Nous vivons un présent aveuglé par le passé immédiat qui nous empêche de voir que le futur est déjà là, à l'œuvre. Le basculement a eu lieu mais il n'a pas produit suffisamment d'effets pour être perceptible. C'est justement ce changement que j'ai cru déceler et que je veux dire.

PREMIÈRE PARTIE

DE LA SOCIÉTÉ DE L'ESPOIR À LA SOCIÉTÉ DE LA PEUR

La société française est aujourd'hui entièrement dominée par la peur, au point de voir sa cohésion menacée. Pourtant, il n'en a pas été toujours ainsi. La France est une vieille nation qui a connu, au cours de son histoire récente, une alternance de périodes d'euphorie et de dépression. Parfois, le pays, paralysé par l'une de ces crises de pessimisme aigu dont il a le secret, a cru sombrer. Jusqu'ici, il a toujours su trouver les ressources nécessaires au sursaut. Sans remonter à de lointaines périodes historiques, les années 1930 marquées par les stigmates de la guerre de 14, par la dénatalité, la dépression économique et la menace allemande ont lentement mais sûrement préparé la débâcle de 1940, l'Occupation et la honte de l'Etat français. Ces années « grises » succédaient aux années « folles » et précédaient les années « twist » de la reconstruction. Le cycle est connu, il est décrit dans tous les manuels d'histoire. La crise était supportable parce que l'on savait que la liberté et la reprise étaient au bout du tunnel. Une période de paix d'une durée sans précédent en Europe et l'accélération des cycles économiques ont changé cette perception du « sens de l'Histoire ». Les crises économiques à répétition et de trop rapides « éclaircies » ont brouillé les repères. Depuis trente ans, l'histoire et l'économie ont le hoquet et la société française en a perdu la respiration.

1

1974-1993
De la crise foudroyante à l'endémie récurrente

Le basculement d'une société de l'espoir vers une société du doute ne s'est pas fait en un jour. Ce fut, au contraire, un glissement lent et progressif. Plus d'un coup de semonce aura été nécessaire pour que nous prenions garde à notre avenir. Trente ans de progrès ne nous avaient pas préparés à envisager puis à gérer la récession. Nous savions célébrer la modernité, et personne ne nous avait appris à nous en méfier. Il nous aura d'abord fallu vingt ans, à partir de 1974, pour douter, puis seulement dix ans pour craindre. En 1995, Nicolas Baverez publiait *Les Trente Piteuses*[1]. Vingt ans pour prendre conscience que la crise était structurelle, le progrès, une idée dépassée, les acquis sociaux, un héritage menacé. Vingt ans pour apprendre à douter.

Le premier choc pétrolier prit la société française au dépourvu mais ne la désarçonna pas. Certes, la multiplication par quatre du prix des carburants eut des conséquences directes sur l'économie du pays. Les statisticiens estiment ainsi à 3 % la part du PIB

1. Flammarion, 1997.

des pays industrialisés engloutie par le choc pétrolier. Ce premier coup de boutoir était totalement imprévisible mais il avait une explication rationnelle. La guerre du Kippour et la radicalisation de l'antagonisme israélo-palestinien expliquaient la décision de l'OPEP. Le monde occidental encaissait – si l'on peut dire – le contrecoup d'un conflit qui n'était pas le sien. La crise serait de courte durée car elle n'était pas le révélateur des faiblesses structurelles de l'économie française, alors en pleine modernisation, mais la conséquence d'une décision qui ne nous appartenait pas. Certains, pétris de cette culpabilité coloniale qui nous colle à la peau depuis la guerre d'Indochine, trouvaient même des circonstances atténuantes aux pays producteurs de pétrole. L'Occident et la France en particulier avaient puisé à pleines mains et pendant des siècles dans les richesses naturelles de leurs anciennes colonies. Il était normal que ces pays désormais indépendants et en voie de développement présentent la note. D'autres, plus cyniques ou moins naïfs, expliquaient que l'argent du choc pétrolier ne resterait pas longtemps dans les coffres d'émirs joueurs et dépensiers. Certes, la France achetait son essence au prix de l'or mais elle pouvait vendre – au même prix – ses avions de chasse, ses meubles précieux, sa joaillerie et les services de Mme Claude. D'une certaine façon, le pays récupérait sa mise dans un immense échange marchandise. Il suffisait d'avoir des idées à vendre, et nous n'en manquions pas. Par ailleurs, la campagne anti-gaspi rencontrait un accueil favorable dans une France qui n'avait pas encore perdu ses vieux réflexes d'économie paysanne. Le choc pétrolier mobilisa le pays. La France traversait une crise. Elle n'entrait pas dans la dépression. Pas encore.

C'est la permanence du chômage de masse qui introduisit le doute dans une société française jusque-là optimiste. Le président Pompidou lui-même fixait à cinq cent mille le nombre de chômeurs « acceptable » par l'opinion publique. Au-delà de ce seuil, il prédisait à ses conseillers une véritable implosion de la société française. Ainsi, à partir de 1981, toutes les campagnes électorales seront conduites sur une idée fixe : la réduction du chômage. Après un bref intermède sécuritaire entre 2002 et aujourd'hui, la politique française avec Dominique de Villepin nous rejoue la même mélodie, celle de la mobilisation pour l'emploi. Les Français ont cru longtemps que la montée du chômage n'était qu'un phénomène passager qui se résorberait avec le retour de la croissance et de la prospérité. En attendant « la reprise », ils exigeaient surtout un traitement social de ce nouveau risque.

Avec le temps, les plans de restructuration, les délocalisations et les licenciements se sont multipliés. La France détruisant tous les ans plus d'emplois qu'elle ne parvenait à en créer, le chômage n'était plus la conséquence d'une crise économique comme le pays en avait déjà traversé mais le symptôme d'une maladie endémique.

A la fin des années 1980, un petit miracle économique se produit. La croissance revient. Elle va même flirter avec les 3 %. Du jamais vu depuis la fin des années 1960. Cette courte embellie économique va marquer « les années fric », mais très vite il apparaît que la prospérité ne résorbe pas le chômage. La « sortie de crise » tant attendue avait bien lieu mais elle ne réglait pas la question de l'emploi. Les Français qui avaient jusque-là confiance dans une économie de marché – il est vrai très administrée –, dans laquelle chacun trouvait sa place et avait même l'espoir d'une promotion sociale, se sont mis à douter. Dès lors que la croissance ne crée plus d'emplois, c'est toute l'équité du système qui est mise en cause.

Pendant quinze ans, ces mêmes Français avaient fait le gros dos, dans l'attente de jours meilleurs. Munis de quelques rudiments d'histoire économique, plus empiriques que véritablement scientifiques, ils admettaient qu'après une période d'abondance il fallait s'attendre à voir passer le troupeau des vaches maigres. Les grands-parents et les hommes politiques qui jouaient souvent le même rôle rappelaient que la crise de 1929 ne s'était véritablement terminée qu'en 1945 avec la paix et la reconstruction. Pour l'heure, la France était peut-être en crise mais pas en guerre. Le président Mitterrand avait abandonné la veste en velours du candidat de la rive gauche pour revêtir le costume du père de la Nation. Les choses n'allaient pas bien, mais un jour elles iraient mieux, et, pendant ce temps, le socialisme à la française assurait la protection des classes moyennes, socle de son électorat. L'apparition des « nouveaux pauvres » dont s'occupaient activement l'abbé Pierre et Coluche, paradoxalement, rassurait. Mieux, la lutte contre la précarité devenait spectacle. La France entière pouvait écouter, en boucle, le tube des Enfoirés, avec une parfaite bonne conscience. Les élèves des écoles de commerce, ceux-là mêmes qui dans quelques mois discuteraient leurs futurs salaires en « kilos francs », prenaient en charge la gestion des Restos du Cœur pour comptabiliser les packs de lait et empiler les couvertures. La solidarité rassurait ceux qui n'auraient, de toute façon, jamais faim ni jamais froid.

Certes, la pauvreté faisait un étonnant *come-back*, mais elle ne touchait qu'une minorité, épargnant ainsi la masse du corps social. La petite bourgeoisie pouvait plaindre ce nouveau « *lumpen-prolétariat* » mais n'y voyait pas, loin de là, la préfiguration d'un risque collectif.

Tout a véritablement basculé le jour où François Mitterrand a déclaré, avec le fatalisme des vieux monarques : « Contre le chômage on a tout essayé. » Ce jour-là, le pacte social qui liait les Français entre eux depuis la Libération était au bord de la rupture. Le chômage, devenu une maladie endémique de notre corps social, pouvait désormais atteindre tout le monde et pour longtemps. La société de classes ne protégeait même plus du déclassement. Pourtant, ce n'était pas faute de produire de la richesse. Les années 1980 resteront les années fric et frime, mais pour certains seulement. Le système devenait fou, ou plus exactement inefficace, dans la mesure où les succès de l'économie ne permettaient plus, comme cela avait été le cas trente ans plutôt, de redistribuer la richesse par le travail et donc le salaire. L'apparition simultanée des golden boys et des nouveaux pauvres déstabilisait des classes moyennes persuadées jusque-là de leur toute-puissance et d'un avenir assuré. Il fallait désormais devenir riche, très riche, ou fonctionnaire pour sortir de la zone de risque.

La richesse en France avait toujours été tolérée, mais à condition d'être un peu patinée. La fortune ancienne, celle des maîtres de forges ou des deux cents familles, chère au Front populaire, était acceptée parce que explicable. Les « nouveaux riches » ne pouvaient être que vieux. Ils avaient mis une vie à « construire » une fortune. Dans le premier cas c'était injuste. Dans le second ce n'était peut-être pas toujours honnête. Dans les deux cas, le temps – qui est aussi de l'argent – expliquait tout.

L'apparition des golden boys posait un problème social d'une autre nature. Le système économique pouvait générer des fortunes spontanées, inexplicables et affichées. La Bourse, qui avait lessivé des générations de bas de laine, devenait tout à coup une incroyable machine à sous. L'argent ne se comptait plus chez le notaire de famille, il se dépensait chez les concessionnaires de grosses cylindrées. Il en allait de même pour la nouvelle pauvreté. Dans un Etat providence incontesté, la pauvreté ne s'explique que par deux facteurs simples : l'accident de la vie ou l'inadaptation. C'est donc « la faute à pas de chance » ou, plus grave, la faute des pauvres eux-mêmes. Coluche traduira cet état d'esprit en lançant un jour : « Les pauvres sont des cons. » Avec le chômage de masse et la permanence de la crise, la pauvreté n'est plus un phénomène de société préoccupant mais un risque pour chacun.

La fin des années 1980 et le début des années 1990, qui correspondent au second versant du second mandat de François Mitterrand, voient donc le doute s'emparer de l'opinion publique et le Front national d'une partie de l'électorat. C'est à ce moment critique que l'ordre du monde, cet équilibre des deux blocs, seul horizon diplomatique des baby-boomers depuis qu'ils ont une conscience politique, se mit à vaciller. La chute du mur de Berlin, la révolution roumaine et l'affaissement de l'Empire soviétique furent d'abord vécus comme une grande fête de la liberté, mais très vite l'émotion laissa place aux inquiétudes. Un monde que l'on croyait éternel disparaît en quelques mois. Le reflux de l'Armée rouge révèle alors aux yeux de Français incrédules une Europe fossilisée, celle de 1914 avec ses conflits ethniques, ses tensions territoriales et ses relents nationalistes. Le communisme n'était en fait qu'un immense congélateur historique. Les risques terribles qui avaient embrasé le début du XXe siècle sortaient tout à coup des manuels d'histoire pour s'inviter au journal de 20 heures. La guerre en Yougoslavie, le siège de Sarajevo, la purification ethnique prouvaient que l'Histoire était loin de sa fin et qu'elle pouvait, au contraire, connaître des poussées de fièvre. L'Europe se croyait débarrassée depuis longtemps de la bête immonde, elle découvrait que la putain qui l'avait engendrée était à nouveau en chaleur[1]. Pour la première fois depuis 1945, les canons donnaient de la voix en Europe. Nos oreilles devenues délicates en avaient perdu l'habitude.

Avec la guerre du Golfe, le désordre gagnait le reste du monde et menaçait directement le cœur de l'économie occidentale. Quinze ans après le premier choc pétrolier, le risque énergétique angoissait à nouveau le monde industrialisé. L'Irak de Saddam Hussein présenté pendant des années comme un rempart contre l'intégrisme iranien devenait, à son tour, un danger. Saddam Hussein venait de lancer une OPA par les armes sur le pétrole koweitien, un défi à la face d'un monde capitaliste où ce type d'opérations ne se concevait qu'à huis clos dans les salons feutrés de la banque Lazard. A peine l'ennemi soviétique avait-il rendu les armes qu'un autre ennemi se levait. Après des siècles d'affrontement, le monde arabo-islamique se dressait à nouveau pour défier la supériorité autoproclamée de l'Occident. Ce n'était pas la première fois que la domination occidentale était combattue, mais pour la première fois le modèle occidental était contesté. Le communisme et l'anticolonialisme avaient défendu une autre forme de

1. Pour paraphraser Bertolt Brecht.

progrès comme alternative à la modernité occidentale. L'islamisme, lui, condamnait en bloc le progrès et la modernité. Il y avait là quelque chose de totalement incompréhensible et donc de terriblement angoissant.

L'enracinement du chômage de masse sapait la confiance. Le nouveau désordre mondial menaçait l'Europe. La dernière décennie du XXe siècle s'annonçait mal. Les Français étaient en proie au doute. Le vieux sorcier élyséen ne trouvait plus les formules. Pris au dépourvu par ce retour de flamme de la grande histoire, celle des traités, des batailles et des rivalités nationales, il se révélait incapable de lire la nouvelle courbe du temps. Chaussant, faute de mieux, ses lunettes des années 1930, il va accumuler, alors, les fautes politiques. Au moment du putsch de 1991 en Russie, le Président se montrera d'une indulgence coupable à l'égard du régime communiste. Ensuite, il essayera de s'opposer à la réunification de l'Allemagne. L'équilibre européen construit patiemment depuis un demi-siècle menaçait d'être emporté. Les Français n'adhéraient plus. Le bateau était ivre. Ce n'était qu'un début.

2

1993-2003
La décennie désespérante

Depuis que le suffrage universel existe, chaque fois que les Français se sentent menacés, ils se jettent à corps perdu dans les bras de leurs notables. Remisant leurs bonnets phrygiens dans la vieille malle révolutionnaire, ils supplient les anciens maîtres de revenir au château tenir la barre. En 1871, la France donnait à une chambre ultraconservatrice le soin de la débarrasser de la Commune et de ses « partageux ». En 1968, des réflexes électoraux identiques envoyaient une même majorité mettre un terme à une émeute étudiante qui n'avait que trop duré. Les Français aiment la révolution quand elle embrase Paris. Que le pain ou l'essence viennent à manquer en province, et le pays exige immédiatement le rétablissement de l'ordre !

A la veille des élections législatives de 1993, aucune révolution ne menace la France, mais les Français, après dix ans de désillusions, voient l'avenir non plus comme une promesse mais comme une menace. Encore une fois, ils vont se tourner vers ces « protecteurs naturels » qu'incarnent, dans ce pays, depuis le Directoire, les notabilités conservatrices. En 1993, les lendemains socialistes ne chantent plus depuis bien longtemps et la force tranquille a montré quelques signes de faiblesse. La droite remporte une victoire sans précédent. Une nouvelle « Chambre introuvable » siège au Palais-Bourbon. Edouard Balladur entre alors à l'hôtel Matignon comme Louis XVIII au palais des Tuileries. Les vieux noms de l'aristocratie française peuplent, à nouveau, les cabinets ministériels. Les meubles officiels commandés par Jack Lang à Stark ou Wilmotte prennent le chemin du Mobilier national alors que les riches fauteuils Louis XV et les lourds bureaux Empire en reviennent après un long exil.

Pendant la première année, une opinion publique rassurée par ces gestionnaires bien élevés ne ménagera pas son soutien à la nouvelle majorité. Quelques mois d'état de grâce vont laisser croire que le pays retrouvait l'espoir et renouait avec le cercle vertueux de la prospérité. 1993 fut, au contraire, une année noire pour l'économie française. Le suicide de Pierre Bérégovoy empêchait d'accuser l'héritage. La décroissance était malheureusement au rendez-vous. Le spectre de la déflation se dessinait. Les Français, qui avaient dû affronter le tournant de la rigueur, dix ans plus tôt, pour juguler l'inflation, devaient désormais affronter le phénomène économique inverse. Comment, dans ces conditions, adhérer à un discours technocratique qui un jour explique la crise par l'inflation et dix ans plus tard annonce une apocalypse déflationniste ? Le monde politique a cru longtemps gagner en crédibilité en remplaçant l'épopée messianique par l'expertise économique. Pendant près de deux décennies, cette substitution des discours a permis de compenser l'essoufflement idéologique, mais que l'expertise soit démentie par les faits et c'est la perte de confiance.

La dégradation brutale de la conjoncture économique, avec une croissance négative au cours du troisième trimestre 1993, provoque alors une véritable dépression de masse. L'opinion publique française est en proie, désormais, à de véritables crises d'angoisse. La crise ne menace plus simplement la prospérité et donc le pouvoir d'achat des ménages, mais le système de protection sociale dans son entier. Le remède de cheval appliqué par le gouvernement Balladur au système de retraite par répartition du secteur privé apparaît comme une première lézarde dans le mur de défense qui protège les Français depuis bientôt cinquante ans. Cette réforme pourtant adoptée dans la torpeur estivale du mois d'août résonne à ce moment-là comme un signal d'alerte. Réformer les retraites en augmentant le nombre d'années de cotisation donne de l'oxygène au système mais révèle dans le même temps son extrême fragilité. Le système de retraite permettait d'accepter les incertitudes du présent dans la mesure où il garantissait l'avenir. Les Français savaient que leur démographie ne jouait pas en faveur du système, mais personne ne pouvait sérieusement imaginer qu'il puisse être en danger. C'est dans ce contexte de décroissance et de perte de confiance que Jacques Chirac lance la campagne présidentielle de 1995. Pour la première fois depuis les débuts de la Ve République, un candidat va mener et gagner une campagne présidentielle en spéculant sur la peur de l'avenir. Avec une agilité tactique qui force l'admiration, Jacques Chirac va renverser le lourd carrosse balladurien, surprendre sur sa gauche l'arrière-garde socialiste et déborder le reste des troupes par un incroyable toupet républicain légèrement teinté de populisme. Placé par les sondages et la trahison de son camp dans une situation politique désespérée, le loup traqué a d'abord battu en retraite dans sa tanière parisienne. Là, il a scruté le pays, reniflé l'opinion et suivi la piste du désespoir national. En habillant d'une formule cinglante la peur diffuse qui gangrène le pays, le candidat Chirac colle à l'électorat. La « fracture sociale » fait mouche. Elle révèle la situation réelle de la France. L'Etat providence est à bout de souffle, aucun droit n'est plus acquis, l'avenir menace. La France se donne à celui qui la rassure en diagnostiquant le mal qui la ronge. Le candidat Chirac n'a aucun traitement à proposer mais au moins il sait décrire la maladie et ses symptômes. Personne n'y comprend rien mais chacun est rassuré. Nous sommes bien au pays de Molière. Elu, le président Chirac va devoir délivrer son ordonnance. La France attend. Elle avait raison d'avoir peur, Alain Juppé va lui administrer un remède de cheval.

Le nouveau Premier ministre croit soigner la dépression économique qui paralyse le pays par une série d'électrochocs. Il va, au contraire, le plonger dans une profonde dépression nerveuse. En quelques mois, les Français, qui croyaient avoir gagné un peu de temps avec un Président mirobolant, passent d'une campagne chaleureuse à la douche froide. La réforme de la Sécurité sociale et de certains systèmes de retraite, l'augmentation vertigineuse de l'impôt accompagnées de paroles particulièrement bien choisies frappent le pays de stupeur. Le malade est reçu avec des gifles. Le médecin doit être fou pour rester, à ce moment-là, droit dans ses bottes. La réaction est immédiate. En décembre 1995, le pays est bloqué, la grève s'étend dans tous les services publics avec le soutien moral du secteur privé. Les salariés auraient pu comprendre le langage de la raison, ils n'entendent plus les sermons technocratiques dont ils sont abreuvés. La politique du gouvernement a certainement une cohérence, mais aux yeux d'une majorité elle n'a plus de sens. On ne peut pas dans le même temps fixer la valeur d'une entreprise comme Thomson à un franc et proposer de privatiser les retraites au profit de fonds de pension. La schizophrénie du pouvoir est patente.

La dissolution de 1997 est une bouée de secours que Chirac offre providentiellement à l'opinion publique. Le conservatisme socialiste est beaucoup plus rassurant que le réformisme juppéo-chiraquien. Jospin profite de la divine surprise. Elle ne va plus l'abandonner. A peine la gauche plurielle est-elle installée au gouvernement que le ciel de l'économie mondiale s'éclaire. La croissance est là, solide, puissante, généreuse. L'argent coule à flots, les nouvelles technologies remplacent la vieille économie. Plus de hauts-fourneaux, plus d'usines, plus de métal en fusion. L'argent se fabrique miraculeusement dans des ordinateurs. La nouvelle économie enrichit tout le monde. Même les fils de famille les plus incapables se révèlent d'extraordinaires *self-made men*. Un bon *business plan* vaut, alors, tous les diplômes. Il suffit de baptiser une entreprise avec n'importe quel nom en forme d'arobase pour qu'elle soit aussitôt valorisée des millions. Internet unifie un monde d'abondance. La *start-up* est l'avenir du genre humain. Devenues folles, les banques prêtent à tous ceux qui savent leur demander de l'argent dans la langue de la nouvelle économie. Folie de cette époque, le label du meilleur gestionnaire était attribué aux managers qui « savaient » accumuler des pertes abyssales. Celui qui osait encore afficher des profits était immédiatement regardé comme un ringard et aussitôt qualifié de *brick and mortar*[1].

Le retour d'une croissance à plus de 3 % par an donne à l'Etat les moyens d'être, à nouveau, providentiel. Le chômage baisse, et il doit même baisser jusqu'à disparaître. Lionel Jospin promet le plein emploi pour 2010. Les 35 heures offrent l'épanouissement personnel en prime du salaire. La France longtemps regardée comme la mauvaise élève de l'Europe ouvre une voie nouvelle. Elle peut créer de la richesse tout en réduisant le temps de travail. Nos voisins, qui nous avaient habitués à plus de sarcasmes, regardent avec curiosité le modèle français. Lionel Jospin apparaît comme un magicien de la politique, mais les problèmes structurels de l'économie française n'ont pas disparu pour autant. Ils ont été tout simplement escamotés. La question des retraites reste en suspens. L'endettement de la France atteint des niveaux records, les déficits demeurent. Le temps libre devient l'alpha et l'oméga d'une société qui ne croit plus aux valeurs du travail.

Pendant que la croissance se consume, la France apprend à compter ses RTT et le climat se dégrade. La bulle Internet éclate en 2001. Le roi est nu et il fait froid. La fête se termine brutalement. Le réveil est douloureux. Internet cachait simplement un phénomène vieux comme le capitalisme : la spéculation. Ses mécanismes sont immuables. Le monde découvre un nouveau territoire, le Mississippi en 1720, la Sibérie en 1890 ou la Nouvelle Économie en 2000. Ces pays merveilleux promettent des richesses

1. Littéralement : « brique et ciment ». Expression utilisée à l'époque pour qualifier les entreprises de l'économie réelle et les distinguer de celles de l'économie virtuelle.

immenses. Chacun en veut et tout le monde devient actionnaire ou chercheur d'or. Le rêve n'a pas de prix. Un jour, les valeurs investies dépassent très largement la valeur réelle de ces paradis économiques. Certains le disent. D'autres commencent à vendre. Très vite la panique s'installe. Les prix s'effondrent. Les actions comme les titres de propriété ne valent plus que le prix du papier. Les petits épargnants, qui ont été les derniers à acheter et les derniers à vendre, sont ruinés.

Le pays est groggy. Cette modernité économique tant vantée et qui semblait devoir apporter tous les bonheurs, relancer l'économie du pays pour trente nouvelles glorieuses n'était qu'un leurre. L'avidité de quelques-uns a compromis l'avenir de tous. Les responsables politiques et industriels ont laissé un système économique parfaitement irrationnel s'installer et se développer. Ceux qui, là où ils sont, doivent savoir, n'ont rien vu venir. La peur et la méfiance s'emparent à nouveau de l'opinion publique.

Le 11 septembre 2001 va cristalliser cette inquiétude. La France connaissait le risque terroriste. Contrairement aux Etats-Unis, elle en avait déjà largement payé le prix. Ce n'est pas la recrudescence du terrorisme qui inquiète la France mais bien le nouveau désordre mondial qui s'installe désormais durablement. L'affrontement avec le monde islamique paraît inévitable.

C'est dans ce contexte de retournement économique et de risque international que s'engage la compétition présidentielle. Une nouvelle fois, Jacques Chirac va mener campagne sur les peurs des Français. En 1995, quand il avait mis des mots sur leur peur de l'avenir, l'insécurité était économique. En 2002, les Français ont peur pour la sécurité de leurs biens et de leurs personnes. La persistance de la gauche à ne voir là qu'un vague sentiment d'insécurité, jointe à une accumulation de faits divers très médiatisés, place la délinquance au cœur du débat politique. La surprotection des logements et des voitures oblige les malfrats à s'en prendre directement à leurs propriétaires. Le traumatisme de l'agression se répand à tous les niveaux de la société. La France se barricade et Chirac triomphe. Encore une fois, le vieux lion a su, avant les autres, révéler aux Français leurs propres angoisses. Sa réélection est triomphale mais il doit affronter Jean-Marie Le Pen au second tour. Les Français, croyant se rassurer, ont ainsi voté pour les deux candidats qui, dans des registres différents, spéculaient sur leurs peurs. Le mal est, alors, profond.

3

Une société devenue intolérante au risque

Trente-cinq ans de doute et de soubresauts ont ainsi produit en France un mal d'un nouveau type, paradoxal, mais bien réel. La société française est certainement l'une des plus protégées, des plus sûres et contrôlées du monde occidental, mais les Français, eux, ont le sentiment d'être perpétuellement menacés. Les menaces changent de nature, avec le temps, l'une peut même chasser l'autre, mais elles sont bien perçues comme telles. La peur est devenue plus forte que la raison. Submergée par ses peurs, la société française a perdu tout sens des réalités.

Pourtant, jamais dans toute l'histoire du pays la France n'a traversé une telle période de paix et de prospérité partagées. En cinquante ans, le niveau de vie général du pays a connu une progression constante. L'ascension sociale n'est plus réservée à quelques individus montrés en exemple mais devient une règle quasi générale. A l'occasion du cinquantième anniversaire de l'appel de l'abbé Pierre, *Paris Match* a retrouvé certaines des familles secourues par les premiers compagnons d'Emmaüs. L'histoire de Claudine Doury, photographiée dans les bras de l'abbé pour *Paris Match* en 1954, est exemplaire. Elle vivait avec ses parents dans une tente de fortune aux portes de Paris. Aujourd'hui sa petite-fille est avocate à Rennes. En trois générations, cette famille est passée de la misère des bidonvilles à la notabilité de province. Ce parcours, pour exceptionnel qu'il paraisse, n'en illustre pas moins l'évolution de la société française dans son ensemble. L'ascenseur social que l'on dit aujourd'hui en panne a ainsi fonctionné à plein régime sur deux, voire trois générations. Dès le début des années 1960, la propriété, qui était l'apanage de la bourgeoisie, s'est démocratisée avec le système de la copropriété et la généralisation des lotissements. Le patrimoine des Français a connu, au cours de ces années, une véritable démultiplication. La pauvreté d'aujourd'hui aurait fait le confort d'hier. Ce sont les seuils de tolérance qui ont considérablement changé.

Dans le même ordre d'idée, il n'est pas un type de risque qui ne puisse être pris en charge par l'Etat ou par le système d'assurance individuelle. Le chômage frappe de façon endémique plus de 10 % de la population active, mais aucun pays d'Europe n'offre un système d'indemnisation aussi efficace que le nôtre. En France, un chômeur peut percevoir ses indemnités pendant près de quatre ans contre un an en Espagne et deux ans en Allemagne. Inquiet pour lui-même, le corps social a soutenu toutes les réformes qui visent, depuis plus de quinze ans, à amortir le risque social. En 1988, le gouvernement Rocard fait voter le RMI. La collectivité décide de garantir à tous ceux qui arrivent en fin de droits un revenu minimum. Le filet de sécurité est devenu universel. Quelques années plus tard, la Couverture maladie universelle (CMU) parachève le système. Il n'est plus nécessaire de cotiser pour être pris en charge par l'assurance maladie. Au lieu de libérer les Français de leurs plus anciennes peurs, cette prise en charge les a enfermés dans des peurs d'un nouveau type. Les Français n'ont plus peur du lendemain, ils ont peur de l'avenir.

De la même façon, jamais leur espérance de vie n'a été aussi longue. Les résultats du dernier recensement de la population française montrent que le nombre de personnes de plus de 25 ans a doublé en quarante ans. Les personnes âgées représentaient 4,9 % en 1962, elles sont 8,7 % aujourd'hui. La santé est au cœur de leurs angoisses. Amiante, vache folle ou mort subite du nourrisson alimentent les peurs collectives. Pourtant, statistiquement, les risques sont minimes, pour ne pas dire inexistants. La population de notre pays bénéficie donc d'une qualité de vie sanitaire incomparable, et tout devient risque. Le sommet de ce paradoxe a été atteint avec la polémique sur le vaccin de l'hépatite B. En 1994, l'Organisation mondiale de la santé (OMS) recommande de vacciner massivement les populations contre l'hépatite B. Dans un réflexe salutaire, le gouvernement français engage des efforts considérables pour informer et vacciner enfants et adultes. Quelques années plus tard, des associations de malades accusent cette campagne de vaccination d'être à l'origine de plusieurs cas de sclérose en plaques. Aucune étude épidémiologique indiscutable ne vient confirmer cette thèse, mais la polémique fait rage. Dans la panique, il est mis un terme momentané à la campagne qui dure pourtant depuis des années. Le principe de précaution s'applique à une décision de l'OMS. L'opinion publique perçoit alors un message terrible : le médicament, le vaccin tuent. Les parents cessent de faire vacciner leurs bébés, alors qu'il est scientifiquement démontré que les nourrissons sont totalement exempts du risque inhérent à ce vaccin. Des milliers d'hommes et de femmes mourront peut-être un jour des suites d'une hépatite B contractée parce qu'ils n'étaient pas vaccinés. C'est la première fois que la peur d'éventuels effets secondaires d'un vaccin l'emporte sur la peur de la maladie elle-même. Le risque putatif devient plus anxiogène que le risque réel. Le virus est mieux toléré que son vaccin. L'échelle des valeurs est totalement renversée.

Submergée par ses peurs, la société française a perdu l'habitude de regarder devant elle. Au contraire, elle a développé une véritable intolérance au risque. Surprotégée, elle se révèle incapable de générer les anticorps qui devraient lui permettre de résister à ces nouvelles peurs.

C'est une crise morale que la France traverse depuis maintenant plus de dix ans, et rien ne paraît devoir y mettre un terme. Car il n'y a aucune raison que les menaces diminuent de façon sensible, que le modèle des sociétés occidentales redevienne à nouveau hégémonique et triomphant, et que notre système économique retrouve les taux de croissance des années 1960. La peur s'est installée, et rien ne semble devoir la déraciner.

DEUXIÈME PARTIE

VIEILLE SOCIÉTÉ, NOUVELLES PEURS

La peur est un sentiment consubstantiel à la condition humaine. L'homme, comme tous les autres mammifères, a peur pour lui et pour sa progéniture. C'est un réflexe qui le protège du danger, du prédateur. Mais, à la différence du règne animal, l'homme a non seulement conscience du danger immédiat, mais aussi de sa finitude, de sa mort. Cette capacité à se projeter et à concevoir sa destinée place évidemment l'être humain dans une situation particulière dès lors qu'il peut avoir peur d'un danger à venir ou d'un risque imaginaire.

Ainsi, la peur joue depuis les origines le rôle d'un véritable système d'alerte qui pousse l'homme à s'abriter ou à se mettre en situation de défense en présence d'un phénomène hostile. Tout comme la douleur physique prévient le cerveau que notre corps est malade ou blessé, la peur nous indique la proximité d'un danger. Lorsqu'elle prend le contrôle de notre comportement et qu'elle se met à déterminer l'ensemble de nos actes, elle devient à son tour un danger en elle-même. Un être humain paralysé par la peur reste sans défense face au danger, et ce n'est qu'en surmontant cette peur qu'il peut utiliser sa force et son intelligence pour échapper à la menace qui lui fait face. Il en est des hommes comme des sociétés humaines : leur capacité à surmonter leurs peurs est un parfait indicateur de leur santé et de leur force. Or ce qui caractérise aujourd'hui la société française, c'est l'omniprésence de la peur, ou plus exactement de peurs multiples, et son incapacité à les surmonter pour les dépasser.

Aussi partons maintenant à la découverte de ces peurs qui structurent le mental des Français. Qu'est-ce qui les fait naître ? Qu'est-ce qui les renforce ? A quoi ressemblent les comportements et les représentations imaginaires des hommes et des femmes qui vivent désormais dans cette société de la peur qu'ils ont en partie construite ?

1

La peur de perdre ou l'intolérance au risque matériel

La société française a atteint aujourd'hui un tel niveau de richesse et de confort que les Français ont le sentiment d'avoir beaucoup plus à perdre qu'à gagner. Hier, l'amélioration du niveau de vie était une promesse d'avenir. Aujourd'hui, elle est acquise pour la majeure partie d'entre nous, et beaucoup la perçoivent comme un apogée social menacé de déclin. Les gens ont peur de perdre brutalement leur confort matériel et psychologique, et ce sentiment d'inquiétude touche presque toutes les catégories de la population, à l'exception malheureuse de ceux en France qui n'ont plus rien à perdre car vivant en dessous du seuil de pauvreté. Ces peurs sont multiples. Les Français craignent bien sûr pour leur emploi, mais plus généralement c'est tout ce qui contribue à définir leur existence sociale qui leur paraît menacé. Hier leur statut était lié à un niveau d'études ou à l'exercice d'une profession, aujourd'hui il n'est plus un acquis contractuel. Hier les acquis sociaux étaient tout simplement des droits, aujourd'hui ils peuvent faire l'objet d'une réforme. Hier le niveau de vie des Français se résumait à une courbe ascendante, aujourd'hui il doit tenir compte des accidents de la vie qui peuvent frapper n'importe lequel d'entre nous.

La première des peurs liées aux risques matériels est bien entendu la peur de perdre son emploi. Après trois décennies de crise économique endémique, le chômage apparaît comme une donnée incompressible. En 2004, 36 % des salariés du privé avouaient se sentir exposés à une perte d'emploi (Sofres). Le sentiment que notre économie n'est plus capable de fournir du travail à tout le monde est très prégnant. Cette impression a même été conceptualisée par une partie du discours politique qui a proposé le « partage du temps de travail » comme nouvelle frontière du progrès social. Prétendre partager le travail c'est avoir une conception *mercantiliste* de l'emploi. Au XVIIe siècle, les premiers économistes français considéraient qu'il existait un stock invariable de monnaies d'or et d'argent et que la force économique des Etats se mesurait à la capacité d'attraction monétaire. Il s'agissait en fait de « capturer » la plus grande partie du stock monétaire. Cette vision parfaitement erronée de la fluidité monétaire et des échanges économiques a conduit la France à adopter pendant plus de deux siècles une politique protectionniste et dirigiste – en un mot le colbertisme – qui explique en grande partie notre différence culturelle avec la Grande-Bretagne. La France est en train de faire depuis plus de trente ans la même erreur à l'égard du travail. De plus, cette politique, inefficace sur le plan économique, a une conséquence particulièrement négative sur le plan psychologique dans la mesure où elle transforme la vie sociale en une lutte pour l'emploi, alors que les énergies devraient être utilisées à en créer. L'intervention de l'Etat pour essayer de desserrer le marché du travail depuis plus de dix ans a d'ailleurs eu des effets particulièrement négatifs. Quand Edouard Balladur crée le CIE[1] en 1993 et Lionel Jospin les « emplois jeunes » en 1997, le premier cherche à fluidifier le marché du travail pour le rendre accessible aux plus jeunes, le second subventionne leurs emplois. Dans un cas, un gouvernement officialisait l'intermittence du contrat de travail, dans l'autre cas un gouvernement de gauche fabriquait de l'emploi subventionné à durée déterminée. Dans les deux cas, une politique visant à résorber le chômage fragilisait le statut du salarié. Ces multiples alternatives au CDI n'ont fait que révéler la raréfaction du contrat de travail pérenne.

Cette peur de perdre son emploi qui touche essentiellement les salariés du secteur privé se conjugue à une peur plus générale qui est celle de perdre son statut. Les grèves de 1995 ont révélé la violence avec laquelle les Français défendaient leurs acquis sociaux. Notre système social n'est plus axé sur la conquête de nouveaux progrès mais bien sur la défensive. La France sociale est une forteresse assiégée qui n'a plus comme seule revendication que la conservation de ses avantages acquis.

Dans ce contexte anxieux, la fonction publique et sa garantie de l'emploi apparaissent aux Français comme le dernier rempart contre la précarité. Les salaires y sont modestes mais ils sont durables. Ainsi, 84 % des Français se verraient bien fonctionnaires s'ils ne le sont pas déjà (Ipsos). La fonction publique offre bien davantage encore que la sécurité de l'emploi, elle garantit la pérennité du statut. Mais cette garantie paraît elle-même menacée à ceux qui en sont pourtant les seuls bénéficiaires. Ainsi, à la grande surprise des instituts de sondage, 24 % des salariés

1. Contrat Initiative Emploi.

du public craignent un changement de statut alors que rien ne le laisse pourtant raisonnablement présager. Le système est devenu tellement anxiogène qu'il contamine même ceux qui sont les mieux prémunis contre les affections sociales. De là des réactions irrationnelles et totalement disproportionnées. Lorsque le gouvernement de Jean-Pierre Raffarin, dans un souci de décentralisation effective, a voulu confier aux collectivités territoriales le soin de gérer certains personnels de l'Education nationale, il a dû affronter un mouvement d'opposition farouche. Le réflexe de peur soigneusement entretenu par certaines confédérations syndicales a été plus fort que tout. Les personnels sont restés agrippés à la fourrure du mammouth.

Ces peurs liées à notre intolérance face au risque matériel s'expliquent par une remise en cause profonde du rôle social de l'individu dans nos sociétés postmodernes.

Cette situation est d'autant plus angoissante que l'avènement des sociétés capitalistes a fait du travail et de la production la seule valeur de l'individu. La perte du travail exclut plus sûrement que la maladie ou la vieillesse. Avec l'avènement du capitalisme, l'homme a trouvé sa justification sociale dans sa capacité de production. Autrefois, dans une Europe médiévale chrétienne, l'existence du pauvre, du mendiant, était considérée comme normale. La figure du déshérité incarnait le visage du Christ souffrant qui rappelait à chacun l'inanité des biens de ce monde et l'obligation de charité. Le pauvre avait un rôle religieux à jouer. Il avait donc une utilité sociale. Au XVIIe siècle, les bases idéologiques de la société se modifient. Le mendiant est jugé profondément dangereux parce que socialement inutile et improductif. Les lois se durcissent, et tous ceux qui ne peuvent justifier d'un toit ou d'un métier sont enfermés à l'hôpital où ils sont attelés à des métiers à tisser comme des galériens à leurs bancs. La Révolution française, puis la révolution industrielle ne vont qu'amplifier le phénomène. L'oisiveté, même aristocratique, n'est plus une valeur mais une tare. Chacun trouve sa justification sociale dans sa force de production. Cette vision du rôle de l'individu dans les sociétés modernes va durer aussi longtemps que le plein emploi. Avec un taux de chômage qui ne descend plus, en France, au-dessous des 10 %, les hommes et les femmes qui en sont victimes doutent de leur utilité sociale. L'inactivité n'est socialement pas justifiée et n'est donc acceptée que chez les jeunes qui doivent se consacrer à leur formation et chez les retraités qui ont acquis ce droit en cotisant toute leur vie.

Par contagion, la peur qui touchait l'emploi et les acquis sociaux s'est propagée au niveau de vie.

Avec le triomphe de la société de consommation, le travailleur devient aussi un consommateur. Créer la demande indispensable à absorber des capacités de production devenues énormes fait désormais partie de l'utilité sociale. L'accumulation de biens de consommation étant devenue le seul objectif de nos sociétés, toute limite dans ce domaine est considérée comme une frustration intolérable. Au point, parfois, de motiver la délinquance. Le problème, c'est que la peur de l'exclusion et les risques qui pèsent, après trente ans de crise, sur le niveau de vie des Français mettent désormais en doute leur capacité à consommer. La question de la baisse du pouvoir d'achat inquiète les classes dirigeantes. Le « général Leclerc » sonne la charge, et une cohorte de ministres et d'élus découvre que les Français ont de vrais problèmes d'argent. En réalité, nous avons multiplié les abonnements pour acquérir de nouveaux biens et profiter de nouveaux services. Cette augmentation soudaine des postes de dépense dans le budget des ménages ne s'est pas accompagnée d'une hausse de leurs revenus. Les 35 heures ont absorbé une grande partie des hausses de salaire potentielles, les impôts n'ont jamais cessé d'augmenter, et l'euro a engendré un fort sentiment d'appauvrissement général. Ce que les Français n'avaient pas été obligés de faire au moment de l'arrivée de l'automobile de masse, ils y sont aujourd'hui contraints. Ils sont obligés d'arbitrer dans leurs dépenses de consommation. Un nouveau téléphone portable conduit directement chez un *hard discounter* pour y faire ses courses. Ces dilemmes quotidiens entraînent des tensions anxiogènes qui érodent inexorablement le désir de consommation. Un sentiment récurrent de ne pas arriver à joindre les deux bouts désespère les classes laborieuses et diabolise la société de consommation.

Si les Français ne peuvent plus ni produire ni consommer, c'est tout le principe de leur utilité sociale qui est remis en cause. C'est la peur de l'inutilité qui se dissimule en fait derrière la peur de voir entamer son niveau de vie. Voir baisser son niveau de vie c'est se retrouver exclu, à terme, de la communauté des consommateurs. Communauté qui se confond désormais avec la communauté sociale elle-même et dont l'exclusion est ressentie d'autant plus durement qu'elle stigmatise l'inutilité de l'individu. C'est là le contrecoup du « fordisme » social. Le salarié-consommateur se trouve frappé d'un double sentiment d'inutilité dès lors qu'il perd son travail et sa capacité de consommateur.

Cette peur de perdre est un phénomène universel. Il touchait autrefois les catégories les plus modestes ou les plus exposées, et les vieux bien sûr. Aujourd'hui, elle s'exprime de plus en plus jeune. Ainsi la trentaine, qui était, hier encore, l'âge auquel les jeunes adultes s'endettaient pour acquérir leur maison ou leur outil de travail, est devenue l'âge de la première souscription au PERP [1]. A peine entrés dans la vie active, les jeunes Français sont déjà saisis par la peur de manquer trente ans plus tard !

Le plus grave pour notre société, c'est que la peur de perdre contamine la vision du futur. Non seulement le niveau de vie actuel semble difficile à maintenir, mais notre niveau de vie futur pose problème. Trente ans de crise ont usé l'espoir, et le retournement de tendance économique observé à partir de 2001 n'a pas arrangé les choses. En octobre 2002, une majorité de Français, soit 53 %, étaient plutôt confiants dans l'avenir. Les courbes se croisent à partir de janvier 2003, et l'écart entre les confiants et les inquiets ne cesse de se creuser en faveur de ces derniers jusqu'en avril 2004, date à laquelle le pourcentage de Français inquiets pour l'avenir dépasse les 60 % (Sofres). Hier les Français projetaient leurs ambitions dans l'avenir, aujourd'hui c'est leur peur qu'ils y projettent. Dans une société d'abondance, ils pensent avoir tout à perdre – y compris leur sentiment d'utilité – et plus rien à gagner.

Cette peur du lendemain est une exception française, ou plus exactement une exception franco-allemande. En effet, 79 % des Français et 80 % des Allemands se déclarent très inquiets sur la situation économique et sociale de leur pays alors qu'ils ne sont que 54 % en Grande-Bretagne. A l'inverse, 49 % des Anglais font confiance à leur gouvernement pour

1. Plan d'Epargne Retraite Populaire.

réduire le chômage alors que seuls 27 % des Français – ces chiffres Ipsos datent de l'année dernière – et 14 % des Allemands croient encore à une action politique en faveur de l'emploi. Le chômage reste la préoccupation majeure pour 51 % des Français et 66 % des Allemands, alors que seuls 10 % des Anglais s'inquiètent de leur avenir professionnel. Ces chiffres montrent clairement que la société de la peur est une spécificité des pays qui n'ont pas su s'adapter aux nouveaux modèles économiques induits par la mondialisation, modèles souvent caricaturés en France sous le nom de « révolution libérale ». Une chose est certaine pourtant, seuls les peuples qui se sont montrés capables de conduire et d'accepter la modernisation de leur économie semblent avoir aujourd'hui la capacité de dire oui à l'avenir comme à la réforme.

2

La peur de l'autre ou l'intolérance à l'étranger sous toutes ses formes

Quand une société parvenue à des sommets de civilisation se sent menacée dans sa pérennité, elle développe immanquablement le fantasme des grandes invasions. Bien entendu, celui-ci n'est plus exprimé de façon aussi crue. L'inconscient collectif, lui aussi, sait fonctionner par euphémisme. Il n'est donc pas ouvertement question d'invasion – ce terme est seulement utilisé par les plus extrémistes – mais de « flux migratoires », de « choc démographique » ou, au pire, de « conflit des civilisations ». Ces mots cachent pourtant une réalité très simple. Lorsque le travail manque au point de devoir être partagé, rationné même, l'autre, l'étranger, n'est plus une chance, pas même une force auxiliaire au service de la croissance, mais une menace, une menace pour l'emploi.

L'étranger restait toléré tant qu'il était utile. Utile aux chantiers de la reconstruction, utile aux usines de la prospérité, utile aux classes moyennes nées des Trente Glorieuses et qui elles aussi voulaient des domestiques. Dès lors que la crise économique a remis en question l'utilité de ces mêmes classes moyennes, l'utilité des travailleurs immigrés est à son tour remise en question. Cette concurrence pour l'emploi réveille bien entendu les réflexes xénophobes. Le Front national a construit son succès électoral sur cette peur. Le slogan politique était sans ambiguïté, il se présentait comme une opération de mathématique élémentaire – « trois millions d'immigrés = trois millions de chômeurs ». Dès lors, une société qui s'interroge sur l'utilité de ceux qui la composent risque à tout moment l'éclatement. De là une menace plus sourde mais tout aussi prégnante, celle d'un affrontement des différentes communautés qui vivent en France. Cette peur de la guerre civile est elle aussi exploitée par les extrémistes, qui n'hésitent pas à établir le parallèle entre la France et le Liban ou la Yougoslavie. Les événements tragiques de Perpignan, hier encore occultés par les derniers moments de la campagne référendaire, trouvent aujourd'hui un écho aussi profond que silencieux dans les profondeurs du pays. Ne pas en tenir compte serait impardonnable et dangereux.

Le débat prend alors une autre dimension. L'étranger n'est plus simplement perçu comme une menace pour le travail des Français mais pour l'identité même de la France. Par sa seule différence, il semble contester nos pratiques et nos coutumes. Cette remise en question apparente de notre modèle national en souligne immanquablement les faiblesses. Si l'Etat-nation, dont la France est le prototype historique, ne parvient plus à imposer son modèle aux populations étrangères vivant en France, c'est que, d'une certaine façon, il a perdu sa toute-puissance et cette redoutable efficacité qui a fait longtemps la force de notre pays. La France est alors perçue comme un vieux pays incapable de s'adapter et surtout de s'imposer.

Ces peurs ne sont pas nouvelles, elles sont connues car elles ont fait l'objet d'études très poussées à la fin des années 1980, lorsque le vote Le Pen, présenté d'abord comme un épiphénomène, est devenu une donnée invariable de la vie politique française. A l'inverse, le sentiment de malaise et les bouffées émotionnelles que ce retour du discours xénophobe a provoqués chez les Français n'a jamais fait l'objet d'une véritable analyse. Journalistes, politologues et sociologues ont cherché à comprendre les raisons du vote, mais personne ne s'est vraiment penché sur les raisons profondes de l'émotion provoquée par les résultats du premier tour de l'élection présidentielle. Le 21 avril 2002, les Français ont eu peur. Ils ont eu peur d'eux-mêmes bien plus que d'un improbable *revival* fasciste.

La peur de l'autre est en contradiction avec la pensée universaliste que développent nos sociétés occidentales depuis les débuts du christianisme. La grande modernité de la religion chrétienne résidait dans sa portée universaliste. Pour la première fois, l'humanité était considérée comme une seule communauté. Les choses se sont détériorées au cours des siècles, quand la religion catholique a été confrontée à des religions concurrentes. Le principe universaliste s'est alors transformé en pulsion impérialiste. Il faut attendre le siècle des Lumières pour que la modernité s'incarne à nouveau dans des principes universels. Le règne de la Raison remplace celui de la Religion.

En France, ces principes philosophiques ont connu un développement politique qui marque profondément notre identité nationale. La Révolution française transforme en programme politique ce qui n'était jusque-là qu'un projet philosophique. En 1789, la France devient la patrie de ce nouvel universalisme. Il suffit alors d'adhérer aux nouvelles Tables de la Loi, celles des droits de l'homme, pour obtenir la nationalité française. Certes, l'universalisme va, une nouvelle fois, servir d'alibi aux guerres révolutionnaires puis au colonialisme le plus étroit, mais ce principe est devenu consubstantiel de notre identité nationale.

Quand la France se laisse submerger par la peur xénophobe, elle se retrouve en contradiction avec sa propre histoire, elle n'est plus elle-même et perd ce qui faisait sa vocation. Chaque fois que le racisme et l'antisémitisme relèvent la tête dans notre pays, c'est un nouveau coup de canif dans la république. Quand la France renie les principes universels qu'elle a elle-même forgés, elle perd sa raison d'être sur la scène internationale. Elle régresse. Les Français en ont conscience. Ils savent que si la « Patrie des droits de l'homme » n'a plus rien à apporter au monde, c'est que leur pays est bien malade, comme il l'était en 1940. En fait, la France a peur de sa peur de l'autre, car elle signe sa défaite devant l'Histoire et devant l'esprit. C'est peut-être là notre plus grande peur collective. Celle d'un irrémédiable déclin. Celui de l'idéal français.

3

La peur de la solitude ou l'intolérance au risque d'isolement

La principale fonction d'une société est de relier les individus entre eux puis d'organiser ce lien par la règle. Longtemps, la pression sociale avec ses codes, son contrôle permanent et ses contraintes multiples fut le prix à payer pour une société qui pouvait connaître la misère matérielle mais pas la solitude. En échange de sa présence permanente et rassurante, l'autre – le parent, le voisin ou le paroissien – imposait son regard. Ainsi, l'identité de chacun était essentiellement définie par les règles sociales. Du bon respect de celles-ci dépendaient la réputation et l'honneur de l'individu, et, au-delà, ceux de sa famille ou plus largement de sa communauté. Cette puissance de la contrainte sociale uniformisait bien sûr les comportements, mais elle garantissait la permanence du lien. En un mot, elle rassurait.

Avec Mai 68, la notion de liberté bascule, elle n'est plus simplement un concept collectif et politique mais une revendication intime et individuelle. Le mot d'ordre est connu, c'est « jouissez sans entraves ». Ainsi, la société rejette massivement le conformisme et le respect des « bons principes ». Chaque individu développe alors un projet de vie conforme à ses aspirations ou à ses désirs, sans avoir trop à se soucier de la contrainte collective dont peu à peu il se libère. Au même moment, la législation et l'Etat providence s'adaptent à cette nouvelle exigence sociale : le salaire féminin, le divorce par consentement mutuel, les allocations pour parents isolés et autres indemnités compensatoires ne font plus de la famille traditionnelle et patriarcale la seule cellule de vie. Le couple, qui se défait et se refait, reste, il est même considéré comme une valeur intangible dans un monde en permanente mutation. La famille, elle, s'est libérée d'un modèle unique pour se diversifier et s'adapter à ces nouveaux modes de vie. Le devoir moral et l'assistance matérielle qui incombaient à la seule famille se sont alors trouvés compensés par une politique providentielle qui offre aux individus les moyens de s'émanciper des solidarités communautaires et de leurs obligations traditionnelles. Ainsi, pour la première fois dans notre histoire, la société offre-t-elle désormais à l'individu la capacité de rester seul sans avoir de comptes à lui rendre. L'esprit de Mai 68 qui habite la société va même plus loin dans la mesure où la pression sociale s'est inversée et qu'elle impose la libération des mœurs comme une nouvelle norme.

Cette liberté a un prix, celui de l'isolement. Peu à peu, ce qui nous éloigne, en particulier le culte de notre moi, a plus d'importance que ce qui nous rapproche. Personne n'est plus exclu de la société à cause de son comportement ou de ses préférences. Lorsque cela arrive parfois, l'indignation de l'opinion publique est immédiate. Aucune convenance ne vient plus s'interposer entre le moi et l'exercice de sa liberté. Le nombre des divorces a ainsi été multiplié par quatre en quarante ans, créant de nouvelles formes de vie solitaires qui touchent plus particulièrement les femmes.

Le combat juste et noble qu'elles ont mené pour la reconnaissance et l'égalité des sexes a eu des effets pervers. Si ces luttes ont permis incontestablement la conquête de nouveaux droits et mis un terme à des discriminations inacceptables, les femmes ont aussi perdu dans la bataille un certain nombre de protections. Dans le modèle traditionnel, la femme bénéficiait des privilèges réservés au sexe faible. Leur émancipation s'est accompagnée des inconvénients liés à l'exercice exigeant de la liberté et de l'égalité. Désormais, la solitude est plus que jamais du genre féminin.

Le développement de la société des écrans n'a fait qu'accentuer cette primauté de l'individu. Il y a encore trente ans de cela, les petites villes du midi de la France s'animaient le soir venu. Dès les beaux jours, chacun sortait sa chaise sur le trottoir pour « blaguer » avec ses voisins et commenter les événements du jour. Aujourd'hui, c'est la télévision qui crée le lien. Les rues des petits villages du Gard ou de l'Hérault ne sont plus animées que par le générique tonitruant du journal de 20 heures. Une drôle de lumière bleutée perce alors depuis les volets entrouverts pour éclairer des rues désespérément vides, et les Français se retrouvent pour participer ensemble, mais à distance, à la dernière grand-messe fédératrice.

Si la télévision a brisé le lien social de proximité, elle a au moins permis de créer un lien fédérateur entre les citoyens devenus avant tout des téléspectateurs. Les habitants de Sommières ou d'Aigues-Mortes ne descendent plus leurs chaises, le soir, sur le trottoir, mais ils parlent encore ensemble, le lendemain, de ce qu'ils ont vu à la télévision la veille. Les tracas d'une *Femme d'honneur* et les scènes de ménage parfois salées de *Chouchou et Loulou* ont remplacé, dans les conversations, les fréquentations du petit voisin ou les frasques de la boulangère.

L'apparition et l'explosion d'Internet vont renforcer l'isolement et la solitude de l'individu. Internet est ainsi au cœur d'un immense malentendu. Présenté comme l'outil de communication globalisée par excellence, le net consacre en fait la toute-puissance du moi. Seul face à son écran, l'internaute croit avoir accès à tous les citoyens du monde comme à l'ensemble de la connaissance. Il est même persuadé qu'il peut à son tour apporter sa contribution à la pensée universelle. Il ne fait que se perdre dans un écran narcissique qui a remplacé le miroir magique des contes de fées. Le monde ne forme plus qu'une immense toile dont chaque internaute est le centre. Virtuellement relié à tous, l'individu internaute est plus que jamais seul, réellement seul.

La téléphonie mobile, le courrier électronique, la mobilité des images et des écrans ne créent pas de liens, ils rendent la solitude supportable et peuvent finir par enfermer chacun de nous dans sa solitude surinformée. Aujourd'hui plus personne ne s'adresse la parole dans un train. Pis, s'adresser à son voisin de siège a vite fait de vous transformer en agresseur potentiel. Lier connaissance n'est plus une nécessité dans la mesure où chacun reste en lien avec sa famille ou sa tribu. Au lieu de nous intégrer au grand village mondial, les nouvelles technologies nous isolent. Un jour peut-être les hommes briseront les écrans comme on brisait les icônes à Byzance. Dans l'empire d'Orient du IXe siècle, les icônes furent détruites parce qu'elles faisaient écran entre les hommes et le divin. Il se pourrait qu'un jour, dans l'Occident du XXIe siècle, on brise les écrans pour qu'ils ne s'interposent plus entre les hommes.

Pour l'instant, les Français cherchent à tout prix à recréer du lien. La proximité est devenue un mot magique utilisé aussi bien par la communication politique que par le marketing. Les grandes bouffées émotionnelles qui s'emparent régulièrement de la population française s'expliquent aussi par ce besoin de retrouver une relation humaine qui ne passe pas uniquement par la technologie. En préservant ses rituels carnavalesques, un pays comme l'Espagne a préservé des espaces de communication quasi institutionnels. Quinze jours par an, la *feria* permet aux Espagnols d'envahir leurs villes, de danser, de s'embrasser et, le vin aidant, de se raconter leur vie. En France, nous avons depuis longtemps supprimé ou surfolklorisé ces rituels de communion collective. Aussi les Français sont-ils à la recherche de prétextes pour compenser cette disparition. Lorsque la France a remporté la Coupe du Monde en 1998, Paris a connu des scènes de fraternisation de la foule comme la capitale n'en avait pas connues depuis la Libération. L'enjeu était loin d'être le même, mais les Parisiens avaient besoin de se retrouver, de parler, de partager tout simplement. Ces flambées émotionnelles sont d'autant plus fortes que le lien social au quotidien est en train de se rompre et que la solitude est aujourd'hui la grande peur du monde moderne.

4

La peur de mal vieillir ou l'intolérance à la fatalité biologique

La peur de la solitude est un phénomène social qui n'est pas directement lié à l'âge, mais qui est aujourd'hui la principale angoisse des Français lorsqu'ils envisagent leur vieillesse. Lorsque, en 2004, les sondeurs de la Sofres demandent à un panel représentatif de la population française : « Quand on vous dit vieillesse vous pensez à quoi ? », plus de 50 % des personnes interrogées répondent : « Solitude. »

Aujourd'hui, la vieillesse est considérée par tous comme un acquis, au même titre que la retraite qui permet d'en profiter. Mourir avant soixante ans est devenu parfaitement intolérable, car jamais l'espérance de vie n'a été aussi forte. Dépasser les quatre-vingt-cinq ans au lendemain de la guerre était un exploit, car la France comptait moins de cinquante mille octogénaires en 1947. Ils sont aujourd'hui plus de deux cent mille. Les démographes prévoient qu'ils seront près d'un demi-million au milieu du nouveau siècle. Le grand âge devient en quelque sorte un destin collectif, et chacun peut donc, à bon droit, se voir vieillir. Ce qu'ils y projettent n'est pas pour les rassurer. Le prolongement de la vie a révélé de nouveaux risques. La maladie d'Alzheimer, qui était hier encore une maladie rare parfaitement inconnue du grand public, est devenue en l'espace de quelques années un véritable phénomène de société. Bien que cette maladie ne représente en France « que » cent mille malades pour plus de deux millions de personnes très âgées, elle est ressentie comme une menace quasi généralisée. Tout le monde connaît aujourd'hui une famille confrontée à cette maladie. Une maladie qui frappe les parents âgés de certains amis de vos amis rencontrés au hasard d'un dîner n'est plus une maladie mais une épidémie. Plus grave encore, Alzheimer est devenu un symbole. Ce seul mot synthétise toutes les peurs liées à cette nouvelle perception de la vieillesse. Peur de la dépendance, de l'oubli et de la perte de dignité. Cette maladie incarne une sorte de mort sociale avant la mort physique, une lente agonie au cours de laquelle l'individu n'a plus le contrôle de lui-même. Dans une société obsédée par l'image, le spectacle de la dégradation est inconcevable. Aujourd'hui, l'image que l'on donne ou que l'on laisse est plus importante que le souvenir de ce que l'on a fait ou de ce que l'on a été, et comme une image chasse l'autre, la dernière image de soi est devenue capitale. Aussi, personne ne peut accepter l'idée de laisser derrière soi l'image de la déchéance. Aux yeux de beaucoup, la vie n'a plus de légitimité si sa trop longue durée fait voler en éclats l'image que chacun a voulu donner de soi.

La vieillesse n'est plus seulement un havre, une promesse de liberté et de plaisirs égoïstes, mais une maladie, un risque. Dès lors, chacun se demande à quoi sert de vivre plus vieux si c'est pour vivre mal plus longtemps en devenant une charge voire une souffrance pour sa famille et son entourage.

C'est dans ce contexte que se construisent les résidences médicalisées et que se multiplient les assurances dépendance. Le débat sur l'euthanasie qui a fait son apparition en France depuis quelques années n'a pas d'autre explication. Les cas très spécifiques de malades tétraplégiques cachent en fait l'angoisse d'une immense majorité de Français qui se voient condamnés à vivre une vieillesse interminable et dégradante. Nos sociétés postmodernes étaient parvenues à évacuer la mort de ses rites et de son discours, les progrès de la médecine ont permis d'en repousser les frontières aux confins du grand âge. Elle fait pourtant aujourd'hui sa réapparition sous une forme maîtrisée et souhaitée, l'euthanasie. La mort choisie à la fin de sa vie s'impose peu à peu comme une réponse aux angoisses de la vieillesse. Vieillir dans la dépendance et la perte de conscience revient à se faire voler sa mort. La peur de la mort lente et dégradante l'a donc définitivement emporté sur la peur de la mort naturelle. Les Français veulent bien mourir vieux mais à condition de ne pas mourir de vieillesse.

5

La peur des « nouvelles morts » ou l'intolérance à la « finitude »

Si l'augmentation exponentielle de l'espérance de vie depuis trente ans a fini par imposer la longévité comme un acquis social, le risque accidentel est devenu parfaitement intolérable. Quand la mort n'est plus un risque normal, le risque accidentel n'est plus toléré. L'accident qui met les survivants face à la démonstration de leur finitude est vécu non seulement comme un drame, mais comme une injustice. Le 11 septembre et ses milliers de morts innocents a rappelé à un monde occidental qui l'avait oublié l'existence d'un risque insensé : celui que la folie des hommes fait courir aux hommes.

L'homme occidental a vaincu la plupart des maladies, il a éloigné les conflits meurtriers de son horizon direct mais il est à la merci de la folie d'un ermite soldat caché au creux des montagnes les plus inhospitalières d'Orient. C'est cette évidence qui est apparue à tous les téléspectateurs de la planète le 11 septembre au soir. Quelle population était plus protégée que les cadres new-yorkais qui travaillaient au World Trade Center ? Pourtant, nous avons tous vu tomber les corps du haut des tours. Depuis le 11 septembre 2001, personne, pas même un golden boy américain, n'est à l'abri de la folie d'un seul.

Certes, les sociétés occidentales n'ont pas oublié la guerre et ses horreurs, mais la guerre ce n'est pas le terrorisme. La guerre provoque la mort et la destruction mais dans un cadre connu et codifié, le terrorisme, lui, incarne la mort aveugle, le dérèglement, la barbarie. Si un Ben Laden peut faire sauter le cœur de la capitale économique du monde, alors tout est possible, les scénarios les plus fous peuvent être élaborés. C'est dans cet esprit que sir Martin Rees, professeur d'astrophysique au très sérieux Trinity College, a évalué à un million de morts les victimes potentielles d'un acte de bioterrorisme. Quand l'homme détourne la nature pour tuer au hasard, c'est que plus personne n'est en sécurité nulle part, que le risque est parfaitement incontrôlable.

C'est ce désordre-là, plus que la peur de la mort elle-même, qui crée un nouveau sentiment d'angoisse. Le terrorisme aveugle est bien entendu la forme la plus violente que prend, aux yeux de l'opinion, la folie humaine. Elle n'est malheureusement pas la seule. Les manipulations génétiques, le détournement de la chaîne alimentaire, le développement incontrôlé de l'énergie nucléaire, en un mot l'utilisation purement mercantile de la recherche et de l'intelligence humaine provoquent des cataclysmes dont l'homme est la première victime. Tchernobyl, la maladie de Creutzfeld-Jacob, le développement de la légionellose en milieu hospitalier clignotent dans l'inconscient collectif comme autant de signaux d'alerte. Quand une société est capable de nourrir les poissons avec de la farine animale, c'est qu'elle a perdu le sens commun. Tout devient possible et le pire est désormais certain. L'homme, après avoir combattu la maladie, est en train d'en créer de nouvelles. Son intelligence et son mode de vie sont devenus les principaux risques qu'il doit désormais affronter. C'est là tout le procès de la modernité. Elle devait offrir aux hommes les vrais lendemains qui chantent, ceux-là mêmes que les idéologies avaient été incapables de lui apporter, et construire la véritable Cité radieuse. Au lieu de cela, elle a remplacé les risques naturels qu'on avait réussi à affronter et parfois même à vaincre par des risques artificiels, des risques d'autant plus inquiétants qu'ils ont été causés par l'homme lui-même.

TROISIÈME PARTIE

LES TROIS ACCÉLÉRATEURS DE PEUR

La peur du lendemain s'est sûrement mais lentement installée dans la société française. D'abord, il y eut le doute. Il a fait place au désespoir et aujourd'hui c'est l'angoisse qui conditionne le pays. Cette inquiétude latente installée depuis longtemps a connu ces dernières années une brusque flambée et il n'est pas un domaine de l'activité sociale qui ne soit désormais gagné par l'appréhension. Cette accélération de la société de la peur s'explique par une accumulation de facteurs qui fonctionnent comme autant d'amplificateurs.

1

La société libérale

Pendant plus de quarante ans, la France a développé, théorisé puis glorifié, au point d'en faire un élément de son identité, un modèle de société original où l'économie de marché coexistait avec un étatisme historiquement très enraciné. Après guerre, ce modèle a été aussi bien soutenu par les gaullistes au nom de la souveraineté nationale que par les communistes au nom de l'Internationale socialiste. L'exception française est née de cette alliance objective. C'est donc d'un commun accord que ces deux forces politiques sorties victorieuses de la Résistance firent adopter par le gouvernement provisoire les grands décrets de nationalisation de l'après-guerre. L'économie paraissait une chose trop sérieuse pour être confiée aux seuls intérêts privés. De Gaulle déclarait : « La politique de la France ne se fait pas à la corbeille. » L'intelligence du système fut de laisser une marge de manœuvre suffisante à l'esprit d'entreprise pour permettre au secteur économique de générer des profits, et donc de l'abondance. Ainsi l'économie française était-elle assez performante pour permettre d'assurer le bien-être de la population et suffisamment administrée pour se soumettre à l'intérêt général. Dans cette France du second XXe siècle, un puissant service public assure une grande partie des fonctions vitales de la société. Il est parfois empêtré dans son gigantisme mais il fonctionne bien et surtout rassure ses usagers. C'est l'époque où se forge cette fameuse société de confiance dont nous avons parlé précédemment. Un système *socio-fiscal* puissamment redistributif permet de réduire l'écart des richesses entre les individus, la généralisation du salariat transforme l'ancienne société de classes en une immense classe moyenne dans laquelle chacun se reconnaît. Le prolétariat disparaît au fil des restructurations industrielles et de l'automatisation des chaînes de production. La grande bourgeoisie annonce elle-même sa propre dissolution avec Mai 68. Dans cette France-là, les enfants d'un couple d'enseignants ont parfois plus de chances de réussir que des enfants de cadres supérieurs ou de médecins. Leurs conditions de vie sont à peu près semblables – même maison individuelle en périphérie ou même appartement de centre-ville, même chien de compagnie, mêmes vacances, mêmes séjours linguistiques, même culture. C'est à la marge que se font alors les distinctions, l'un joue au rugby quand les autres jouent au tennis ou font du ski. Rien qui creuse véritablement les différences au point de différencier les destins. Les « enfants de profs » sont à la fois le symbole et les principaux bénéficiaires de cette société mixte. Claude Sautet décrit, film après film, les grandes joies et les petits déboires de cette France des Vincent, François, Paul et les autres. L'ascenseur social fonctionnait à plein régime dans la mesure où il ouvrait avant tout ses portes aux enfants de cette immense classe moyenne qui seule faisait l'opinion. Il était possible de vivre confortablement dans une société régulée par l'Etat.

Dans cette France-là, le libéralisme n'est pas tout de suite vécu comme un danger potentiel car il est encore perçu comme une vertu. Qui dit libéralisme dit alors libéralisation des mœurs, et cette libération est vécue très positivement. Dans une société où l'Etat sert de cadre général aux rapports économiques et sociaux, un assouplissement des comportements et une libéralisation des relations privées sont vécus comme une fête sans risque. C'est là le grand malentendu de ces années 1970 qui dépassent largement la décennie dans la mesure où elles commencent en mai 1968 et se terminent en apothéose avec mai 1981. Pendant cette période qui est souvent présentée aujourd'hui comme une sorte d'âge d'or, la libération des mœurs faisait sauter le carcan de la vieille société bourgeoise mais s'accommodait parfaitement de la permanence d'un Etat omniprésent et protecteur. Le point d'équilibre était presque parfait entre liberté privée et contrainte publique.

Ce n'est qu'avec les années 1980, l'apparition du sida, l'implosion générale des normes sociales et la disparition programmée de l'Etat actionnaire que le libéralisme devint anxiogène aux yeux de l'opinion. En quelques années, l'affranchissement des règles qui faisaient tout le sel du nouveau code amoureux gagna par contagion le monde économique pour finir par atteindre le domaine public. Vécue comme un phénomène global et non plus comme une aventure intime, la libéralisation se fait société libérale, et cette société libérale est perçue comme un avatar moderne de l'anarchie. Le recul de la puissance et de la présence de l'Etat n'est plus perçu comme l'ouverture de nouveaux espaces de liberté mais bien comme un risque majeur. Libérer l'homme de ses contraintes c'est laisser, en fait, libre cours à ses pulsions. Ainsi la confiance en l'Etat est-elle avant tout une immense défiance de la nature humaine. La société libérale fait peur parce qu'elle est, dans l'absolu, une société sans règles et donc sans protections. Au début des années 1980, alors que les principaux pays européens s'engagent sur la voie des réformes libérales, les Français vont faire, de leur côté, un choix politique à contre-courant. C'est le 10 mai 1981. Devant la nécessité de réformer l'Etat providence, les électeurs se sont tournés vers le candidat qui les rassurait. Le programme socialiste visait non pas à réformer mais à rembourrer davantage l'édredon social. Vingt-cinq ans plus tard, il nous étouffe. C'est le même réflexe de défense qui a fait l'élection de Jacques Chirac en 1995.

L'économie ne répond plus – comme on le croyait encore en 1974 – à des lois stables et à des cycles mais aux caprices d'un marché qui n'a ni volonté politique ni éthique. Plus aucun économiste n'est désormais en mesure de donner un sens aux comportements économiques des investisseurs comme des consommateurs, et un homme politique qui se présenterait sur un plateau de télévision en utilisant des courbes statistiques, comme Giscard ou Delors pouvaient se permettre de le faire il y a vingt-cinq ans, se couvrirait de ridicule. Cette absence de règles stables se fait évidemment sentir dans la vie des entreprises. Après des années de plans sociaux et de délocalisations sauvages, le licenciement n'a plus aucun sens car il n'est plus le résultat d'une faute ou le prix à payer d'une contre-performance économique. Quand une entreprise ferme des usines performantes ou licencie pour faire monter artificiellement sa valeur en Bourse, la valeur financière l'emporte non seulement sur la valeur humaine, mais aussi sur la valeur économique. Antoine Riboud incarnait la figure du patron à la française. Par une série de mesures sociales spectaculaires il avait fait de Danone l'entreprise préférée des Français. Danone était la preuve que l'exception sociale française pouvait avoir une réalité économique. Avec lui, humanisme rimait avec performance et il existait des multinationales vertueuses. Avec la fermeture des usines LU, le mythe a volé en éclats. La brutalité économique a fait irruption dans le rêve social français. L'entreprise à visage humain a pris ce jour-là une sérieuse balafre.

Chacun peut donc être demain remercié et se retrouver sur le carreau sans d'autre explication rationnelle que les intérêts financiers des veuves joyeuses de Californie. Pis, une entreprise peut aujourd'hui fermer les portes d'une usine pour anticiper l'éventuelle dégradation de ses résultats dans un délai de quatre à cinq ans.

La caractéristique d'une société libérale c'est que tout peut vous arriver, même le pire, et sans que vous puissiez en assumer la responsabilité. Cette crainte est même devenue le thème d'une émission de radio à succès animée par Julien Courbet sur RTL : « Ça peut vous arriver ». Ce qui est une réalité indéniable du libéralisme économique a été diabolisé à l'excès par une classe politique frileuse, toujours tentée par la facilité populiste. En spéculant sur les peurs légitimes qu'une économie libérale peut générer, les élites de notre pays ont oublié d'en vanter les vertus. Le système libéral est d'abord une machine à fabriquer de la richesse et à créer de la valeur, préalable à toute politique de justice sociale. Comme toute machine puissante et sophistiquée, il faut aux manettes des mécaniciens responsables et compétents pour la régler, la maîtriser et la faire tourner à bon escient. A défaut, les peurs progressent, et la machine fait avancer le monde en faisant reculer l'homme, laissant le nôtre à la traîne.

2

La société bipolaire

Conséquence directe du libéralisme, la bipolarisation de la société française alimente les peurs et les angoisses. Cette immense classe moyenne, fille de la prospérité des Trente Glorieuses et de l'Etat providence, promue au rang de classe sociale unique au milieu des années 1970, est en train de se disloquer Le déclassement n'est plus, aujourd'hui, le résultat d'un accident de la vie mais un phénomène général qui menace chaque individu indépendamment de la classe sociale à laquelle il appartient.

Pendant des années, la France a pu se féliciter d'avoir diminué les différences sociales. La combinaison d'une politique salariale très volontariste et d'une politique fiscale très ciblée avait permis de tasser la pyramide sociale. L'inflation et l'érosion des dividendes, mais aussi l'impôt sur la fortune, les droits de succession, la taxation des plus-values immobilières et boursières ont entamé les fortunes et mis un frein à l'augmentation « naturelle » du capital. Pendant des années, dans une société sous-capitalisée, le salaire a fait office de seule source de revenu. Dans une république sociale où l'Etat prend en charge la quasi-totalité des risques, les cotisations sociales ont remplacé le patrimoine. Il n'est plus nécessaire, alors, d'avoir des « biens au soleil » pour regarder sereinement l'avenir. L'argent peut être dépensé et la consommation devenir la principale préoccupation de la population. Le diplôme et le mérite situent chacun sur l'échelle sociale, ce qui permet à tout le monde de comprendre et d'accepter la place qui lui est assignée sur l'échiquier. Les différences de niveau de vie subsistent mais à « échelle humaine ». Quant aux signes de distinction sociale, ils sont tellement miniaturisés qu'ils ne peuvent être reconnus que par les initiés. Même le luxe se démocratise, Cartier et Dior deviennent presque des marques accessibles. Le crédit et le discount rapprochent les îles lointaines et ouvrent les boutiques les plus huppées.

Le système scolaire assure à ces mêmes classes moyennes une large reproduction sociale, ce qui suffit à légitimer l'idéologie *méritocratique* dominante, même si les classes populaires en sont le plus souvent exclues.

Aujourd'hui, cette société immuable où tout semblait aller de soi a volé en éclats. Le cortège des plans sociaux et des délocalisations, la hausse vertigineuse du prix de l'immobilier, la massification de l'enseignement public, les incertitudes sur l'avenir des retraites fragilisent les positions de la classe moyenne. Après cinquante ans d'optimisme et de sécurité, elle commence même à douter de son avenir, et surtout de celui de ses enfants. Ainsi 56 % des Français se déclarent-ils inquiets pour l'avenir de leur niveau de vie et seulement 40 % restent confiants. Cette inquiétude est même extrêmement forte chez ceux qui, de par leur âge, devraient être les premiers vecteurs d'optimisme : car le pourcentage d'inquiets monte à 70 % dans la tranche d'âge 35-45 ans. La déchéance sociale de Gervaise – la célèbre blanchisseuse tombée dans la misère après avoir approché le confort bourgeois – n'est plus seulement le symbole des injustices de la révolution industrielle mais un sujet d'actualité. Les classes moyennes ont le sentiment de devenir la classe ouvrière du nouveau siècle. Le système de protection sociale, pourtant l'un des plus efficaces du monde, ne suffit plus à rassurer les Français, qui vivent dans la hantise du basculement. Chacun craint de tomber du mauvais côté alors que les deux rives s'éloignent inéluctablement. Désormais, il y a d'un côté ceux qui sont tirés d'affaire parce qu'ils ont acheté leur appartement au bon prix et au bon moment, parce qu'ils ont acheté puis vendu leurs actions au bon moment, parce qu'ils ont su négocier leur contrat de travail au bon moment et avec le bon « *golden* parachute », et puis il y a les autres, tous les autres qui peuvent être rejetés, du jour au lendemain, sur l'autre rive, celle de la précarité. De là le statut de plus en plus particulier du fonctionnaire qui apparaît, aux yeux du reste de la population active, comme l'ultime résurgence de cette classe moyenne née dans les années 1950. Lui seul peut encore se permettre de vivre comme un personnage de Jacques Tati : rentrer déjeuner chez lui à midi, acheter une caravane à crédit et partir en vacances à Palavas-les-Flots. Il y a encore vingt ans de cela, l'expression « Français moyen » était une insulte, elle stigmatisait la médiocrité, le mauvais goût, l'étroitesse d'esprit. Aujourd'hui, elle incarne une véritable nostalgie. La fracture qui structurera le débat politique en 2007, faisant écho à la fracture sociale de l'élection de 1995, pourrait bien devenir celle qui sépare aujourd'hui le monde du public et le monde du privé. Deux France distinctes, deux réalités différentes qui ne vivent pas la même société, qui ne connaissent pas les mêmes angoisses, car non confrontées aux mêmes incertitudes existentielles. Le risque de fracture tient dans la divergence de leurs intérêts. L'une, celle du fonctionnariat, qui représente, directement et indirectement, près d'un tiers de la population active, est arc-boutée sur ses privilèges. Défenseur corps et âme du modèle social français, elle sera toujours réticente aux remèdes qu'il faudra un jour ou l'autre administrer à la société française. L'autre, celle des citoyens du monde capitaliste, porte sur ses épaules la survie du modèle social français. Epuisée, cumulant toutes les angoisses du temps présent, la France du privé vit sous la menace omniprésente de la perte d'emploi, et envie l'autre France, jusqu'à lui confier, par procuration, le rôle de contestation sociale auquel son statut ne l'autorise plus. Un jour prochain, les deux rives s'écarteront jusqu'à l'insupportable. Et dans la France devenue schizophrène, cette envie deviendra jalousie. A partir de ce moment, la France du privé reprochera à celle du public de ne penser qu'à elle et l'accusera d'être responsable de tous ses maux.

Et si elle était là, la prochaine fracture qui pourrait fragiliser jusqu'à la cassure la société française de demain ? Le risque de voir la France de l'économie privée, celle qui se lève tôt percluse d'angoisse du lendemain, ne plus tolérer les privilèges accordés à l'autre France, celle du public, qui vit de l'impôt et ne connaît pas l'insécurité économique, est inquiétant. S'il n'est pas comblé à temps, ce fossé deviendra une menace pour l'unité républicaine.

La fracture numérique est une autre manifestation de cette bipolarisation d'une société française jusque-là plutôt homogène. Elle alimente les complexes et donc les craintes de toute cette partie de la population qui n'a pas accès aux nouvelles technologies.

Ainsi la peur de l'avenir est-elle beaucoup plus prégnante chez les Français qui n'ont pas Internet que chez ceux qui en sont équipés. Quand les outils de communication d'une société vous échappent, c'est la maîtrise de cette société qui vous échappe, et une société dont vous ne comprenez plus les codes n'est plus la vôtre. Elle vous exclut de fait.

C'est dans ce contexte bipolaire que naissent les affrontements et la violence sociale. Les grandes grèves de 1995 furent la première manifestation de cette nouvelle crispation du corps social. Dans ce type de société, les points de vue ne s'échangent plus, ils s'affrontent. Il n'y a plus de place pour la transition, la discussion ou la subtilité, la pensée ne se décline plus que par opposition. C'est peur contre peur. La laïcité s'oppose frontalement à l'intégrisme, le profit à la protection sociale, l'opulence à la précarité, le oui au non, et ainsi pour toutes les questions de société. D'où cette impression de société bloquée prête à se fracturer qui alimente tous les fantasmes.

3

La société médiatique

La télévision, et plus largement ce qu'il est convenu d'appeler la société médiatique, a été longtemps et un peu facilement présentée comme le « nouvel » opium du peuple. Pourtant, loin d'être une simple « société du divertissement », la société médiatique participe, elle aussi, à la société de la peur. La télévision était pourtant née avec la société de confiance. En ouvrant une fenêtre sur le monde, elle apportait aux Français, qui jusque-là dépendaient du savoir de leurs élites, de nouveaux outils d'information pour comprendre et décrypter les grands enjeux nationaux et internationaux. La télévision a très vite remplacé les lumières du curé et de l'instituteur. Devenus téléspectateurs, les Français n'ont plus eu besoin de vivre directement les événements pour être témoins de leur temps. Cette participation directe à l'actualité du monde a permis bien sûr de mieux le comprendre, mais, en prenant le téléspectateur à témoin, elle a aussi contribué à amplifier son inquiétude.

Dans un premier temps, pourtant, l'éclatement de l'ORTF, puis le lent desserrement des liens qui unissaient la télévision des origines avec le pouvoir politique, ont augmenté la confiance que les Français vouaient aux médias. Par la suite, l'apparition de la concurrence entre les différents acteurs du secteur audiovisuel, due à l'apparition des radios libres et à la privatisation de la première puis de la sixième et de la cinquième chaîne, a radicalement modifié les pratiques et les comportements médiatiques. C'est là encore un effet direct de cette libéralisation de la société française dont il vient d'être question. Pour attirer et conserver l'auditeur-téléspectateur-consommateur, les médias ont joué sur des registres qui n'étaient pas ceux qui avaient présidé à leur mise en place. Certes, la disparition du ton compassé et des lenteurs très didactiques de la radio et de la télévision des années 1960-1970 n'a pas été regrettée, mais peu à peu la confiance s'est rompue.

Pour maintenir l'attention, et donc l'audimat, les médias ont joué sur deux registres, l'émotion et la scénarisation. Le jour où Roger Gicquel, présentateur du journal de 20 heures, sortant de son rôle de téléscripteur vivant, a pris les téléspectateurs à témoin en déclarant : « La France a peur », une nouvelle forme de communication médiatique est née. Le présentateur cherche à provoquer l'empathie là où il lui faudrait rester impassible pour respecter l'absolue impartialité de la *relation* des faits. Le ridicule de cette dramatisation n'avait pas échappé à Coluche qui l'avait résumé d'une formule célèbre : « Chaque fois qu'un avion s'écrase dans le monde on dirait que c'est sur les pompes de Roger Gicquel. »

Dès lors, la télévision ne se contente plus de rendre compte de l'état du monde, mais joue sur les émotions du téléspectateur. Jouer sur ce registre, c'est plaire à tous les coups, mais c'est faire le choix de ne plus s'adresser à la raison de celui qui regarde. Aujourd'hui Claire Chazal n'est pas seulement une journaliste qui présente le journal de 20 heures sur la première chaîne française, son regard est devenu, à lui seul, une vitrine émotionnelle dans laquelle chaque téléspectateur peut reconnaître sa propre émotion face à l'événement. Si les mots de Claire Chazal sont ceux d'une journaliste, et plus exactement de toute une rédaction, son regard, ses expressions, le timbre de sa voix trahissent des sentiments qui influent nécessairement sur la réception du message par le public. Ce qui était obscène chez Gicquel est devenu touchant chez Chazal. Que le regard de Claire s'embue, que sa voix se fissure, que la commissure de ses lèvres se mette à trembler, et c'est toute la France qui est au bord des larmes. La France a peur pour Claire Chazal et ne l'aime que davantage. Ce n'est plus le journal de 20 heures, c'est la grande communion compassionnelle.

Ainsi, en scénarisant et en personnalisant l'information, la télévision ne renvoie plus à la réalité du monde, elle lui impose un sens qui n'est pas nécessairement celui de l'Histoire. La logique économique l'emporte sur la réalité des faits. Bien sûr, la télévision n'invente pas l'actualité – on se souvient néanmoins de quelques dérapages –, mais elle fait désormais de chaque événement un petit drame construit avec ses règles, ses codes et ses personnages. L'actualité du monde devient alors un immense divertissement, au sens pascalien du terme, qui distrait le téléspectateur de sa propre condition en lui offrant le spectacle organisé des malheurs ou de l'agitation qui l'entourent. De ces malheurs, de cette agitation, le téléspectateur ne retient que le récit et l'émotion qu'il suscite. Leur compréhension, elle, n'est plus une nécessité. Il ne comprend plus le monde mais il jouit intérieurement du spectacle de son désordre ou de sa profusion. Car c'est bien un spectacle qui lui est quotidiennement offert. Spectacle qui n'a plus rien à voir avec une quelconque prise de conscience du monde, dès lors que plus rien ne distingue la réalité de la fiction. La fiction se nourrit de la réalité, et l'information s'inspire des règles narratives et cathartiques de la fiction. Les images mettent ainsi sur un pied d'égalité, dans un terrible mélange des genres, le réel et l'imaginaire, la fiction et l'information, le journaliste et l'animateur. Le téléspectateur ne sait plus où il en est. De ce point de vue, la confusion grandissante entre les deux professions est un facteur aggravant du trouble des esprits. Lorsque Laurence Ferrari présente le journal de 20 heures elle est journaliste, son statut l'autorise à nous dire la réalité. Lorsqu'elle anime « Vis ma vie », elle ne peut plus prétendre rendre compte des événements, mais raconte des histoires de vies artificiellement mises en scène. Dans le second cas, le téléspectateur n'est pas dupe et il s'en amuse, mais lorsqu'il voit la même animatrice lui rendre compte du conflit israélo-palestinien, il est en droit de s'interroger. Qu'est-ce qui lui prouve que Laurence Ferrari ne met pas autant d'artifices à présenter l'affrontement tragique de deux peuples pour une même terre qu'elle n'en met à l'amuser des contrastes de la société française et des différences irréductibles qui opposent, en apparence, le pompier au pyromane. Il en va de même lorsque Marc-Olivier Fogiel reçoit dans le cadre de la même émission, sur le même plateau, une voyante, une star inconnue jusque-là du grand public et un homme politique. L'extralucide est traitée par l'animateur, la star par le présentateur, l'homme politique par le journaliste politique autoproclamé, mais le téléspectateur ne voit que Marc-Olivier Fogiel, et les prédictions éventées de la voyante déchue se retrouvent mises au même plan que les réalisations publiques de l'homme politique. Les frontières s'estompent, le vrai ne se distingue plus du faux, le sérieux doit être traité avec désinvolture, la désinvolture est prise avec le plus grand sérieux.

Paradoxalement, le seul genre télévisuel qui ne trompe personne et qui reste encadré par des règles et des codes particulièrement stricts reste la publicité. Aussi ancienne que les médias audiovisuels, la publicité garde toute la confiance du public, car non seulement elle respecte rigoureusement les règles – elle est en fait soumise à une législation stricte – mais elle ne ment pas. En effet, comme le veut la formule célèbre de Bourdieu, « la publicité dit la vérité puisqu'elle dit qu'elle ment ». Avec la publicité, le téléspectateur n'est dupe de rien, car il reçoit le message publicitaire dans le cadre d'une convention qu'il accepte en pleine connaissance de cause et à laquelle il peut mettre fin à tout moment en zappant. Le téléspectateur ne réclame pas à la pub d'être dans le vrai mais dans le vraisemblable. La seule fois où une publicité a essayé d'être vraie elle n'a pas été crue : pour prouver la qualité et la fraîcheur de ses approvisionnements, la marque Intermarché avait fait réaliser une série de publi-reportages au cours desquels l'acteur Klein se rendait réellement dans les centres d'approvisionnement pour assister à l'achat des produits. Ainsi, il était filmé à 5 heures du matin sur le port de Saint-Malo en train d'interroger les marins-pêcheurs qui fournissaient en poisson la centrale d'achats Intermarché. Le téléspectateur n'a jamais voulu croire que le marin-pêcheur n'était pas un intermittent du spectacle et que le cri des mouettes n'avait pas été enregistré.

Aujourd'hui, la publicité va même plus loin dans la

mesure où elle sera bientôt le seul genre télévisuel strictement défini. Quand il regarde une publicité, le téléspectateur sait ce qu'il regarde. Lorsque, après la page de publicité, la télévision lui propose de regarder une fiction qui prétend rendre compte d'un fait divers récent, il ne sait plus ce qu'il voit. Fiction ? Documentaire ? Magazine ? Enquête ? Plus personne n'en sait rien. La vérité se perd quelque part entre audimat et mise en scène.

En dehors de cette exception très particulière de la publicité qui est d'ailleurs utilisée comme une frontière légale pour délimiter le temps télévisuel, le monde médiatique n'est donc plus une référence rassurante. Fluctuant, versatile, confus, il est désormais soupçonné de manipuler l'opinion. Manipulation grossière, au début des années 1990, quand la télévision privée jouait des coudes avec un service public sûr de sa légitimité. Ce furent les faux charniers de Timisoara ou encore, dans un genre moins dramatique, l'extravagante autopsie du petit homme vert de Roswell. Mais, aujourd'hui, la manipulation se fait plus sournoise, moins décelable, donc plus dangereuse. La mise en scène de l'insécurité par la télévision dans le cadre de la campagne présidentielle de 2002 a réveillé les peurs, et pas simplement la peur de l'agression physique. Une peur plus sourde mais réelle, celle de la manipulation des esprits, voire de la pure et simple désinformation. Le danger de cette mise en scène est apparu clairement lorsqu'une jeune Alsacienne interrogée à l'antenne en pleine psychose médiatico-sécuritaire a déclaré vivre dans la peur permanente d'une agression alors que le village où elle vivait n'avait pas connu le moindre incident depuis des années. A la question du journaliste de TF1 : « Pourquoi avez-vous peur ? », la jeune femme avait répondu : « Avec tout ce que l'on voit à la télé, on a des raisons d'avoir peur. » La boucle est bouclée, la peur représentée fabrique de la peur réelle, elle aussi à son tour réinjectée dans les tuyaux cathodiques. Le lendemain de l'élection présidentielle, l'insécurité avait disparu des journaux télévisés. Elle n'existait plus.

Mais ce n'est pas tout. La télévision a pu aussi se révéler comme une puissance aveugle et destructrice. Le jour où le présentateur du 20 heures a décidé d'ouvrir son journal sur le prêt sans intérêts accordé par Roger-Patrice Pellat à Pierre Bérégovoy, information révélée uniquement dans les pages intérieures du *Canard enchaîné*, il a non seulement provoqué une déflagration politique, mais jeté aux chiens l'honneur d'un homme. Le journaliste n'avait peut-être pas conscience qu'il était en train de condamner un homme, mais les Français, eux, ont compris ce jour-là qu'ils avaient été utilisés dans le combat que le quatrième pouvoir livrait sous leurs yeux au pouvoir politique. En jouant sur leur indignation légitime mais aussi sur la tentation bien française du « tous pourris », la télévision avait excité l'opinion pour justifier sa chasse à l'homme. Violemment dessoûlée par le suicide de l'ancien Premier ministre, l'opinion française prit conscience, mais un peu tard, qu'elle avait été conditionnée. Les faits reprochés à Pierre Bérégovoy n'avaient rien de foncièrement répréhensibles, l'argent lui avait été prêté très officiellement et un acte notarié en faisait foi. Les Français croyaient qu'un Premier ministre pouvait à tout moment réclamer – et obtenir – la tête d'un journaliste de télévision ; ils purent constater que le présentateur du journal de 20 heures pouvait avoir la peau du Premier ministre. Au propre comme au figuré.

Depuis, d'autres manipulations de ce genre ont démontré le pouvoir destructeur de la télévision. Des puissants mais aussi des sans-grade ont été broyés par la machine audiovisuelle. Le bagagiste de Roissy, les « notables » d'Outreau et Dominique Baudis, pourtant au sommet du système médiatique lui-même, ont vu leur vie déchiquetée par la terrible machine. Le jour où la télévision peut se permettre de détruire un simple bagagiste mais aussi un ancien journaliste et patron du Conseil supérieur de l'audiovisuel (CSA), c'est qu'elle peut détruire tout le monde. Les plus humbles comme les siens. Dès lors, le téléspectateur n'est plus un spectateur, il devient une victime potentielle. Que demain les caméras se braquent sur lui et il verra sa vie voler en éclats. Rien ne le protégera car rien n'a protégé un ancien Premier ministre, le président du CSA et la boulangère ambulante d'Outreau. La télévision a été dévoyée. Conçue, à l'origine, pour permettre au citoyen d'exercer son libre arbitre, elle en a fait la victime d'une immense manipulation des esprits. Il était amusant de faire croire aux vieillards et aux enfants des années 1950 que la télé les regardait chez eux. Aujourd'hui, c'est un cauchemar possible. La société médiatique est peut-être le principal pilier de la société de la peur.

QUATRIÈME PARTIE

LE SENTIMENT DE PERTE DE MAÎTRISE

Quand une société perd le sentiment de maîtriser son destin, elle panique et peut se livrer aux pires extrémités. En effet, lorsque tout un peuple a perdu le contrôle de son histoire collective, l'individu, lui, a le sentiment que la maîtrise de son quotidien lui échappe. De collective, l'angoisse devient individuelle. Les élites, dans lesquelles le peuple plaçait sa confiance, révèlent leur incapacité à anticiper comme à accompagner l'événement. Les institutions et les différentes organisations qui structurent la vie publique vacillent et l'Etat, dont la première fonction est d'assurer la régulation des rapports sociaux et de protéger le faible contre la toute-puissance du fort, n'est plus perçu comme un arbitre mais comme un bateau ivre, ballotté au gré des intérêts particuliers et des ambitions personnelles. Dès lors que les instruments de maîtrise dont une société est nécessairement dotée montrent des signes aussi évidents de faiblesse, l'insécurité sociale est à son comble.

1

Les paradoxes de la société libérale-libertaire

Jamais l'individu occidental n'a disposé d'autant de pouvoirs. Le système démocratique, les garanties de l'Etat de droit, les avancées technologiques, l'accès généralisé à l'éducation donnent à chacun d'entre nous la possibilité d'agir directement sur le monde.

Depuis plus d'un siècle, la civilisation occidentale n'a cessé de s'affranchir de toutes les tutelles traditionnelles. Pour cela, elle a été guidée par les trois grands maîtres du soupçon, Nietzsche, Marx et Freud, qui, dès la seconde moitié du XIXe siècle, avaient forgé les outils philosophiques nécessaires à la révolution des esprits.

Dieu sera le premier dégât collatéral de cette émancipation collective. Les philosophes des Lumières et la Révolution française avaient déjà relativisé la religion. Nietzsche, lui, va plus loin et déclare : « Dieu est mort. » L'Homme n'a plus de tutelle transcendante, il est seul et il est libre. Marx révèle aux masses laborieuses qu'elles sont exploitées, le patron n'est plus un maître mais un ennemi de classe. Tous les lendemains sont possibles. Freud invente « le sur-moi », le péché et la culpabilité ont maintenant une explication médicale et relèvent d'une pathologie. Les confesseurs viennent de changer d'Eglise. Dieu renversé, aucun cadre, même de substitution, ne résistera plus à la toute-puissance de l'individu.

La Nation est emportée par les boucheries successives du XXe siècle. Aucun pays, aucun nationalisme ne mérite aujourd'hui des millions de vies humaines. L'intolérance de nos sociétés à l'égard de toute forme de violence a atteint un tel seuil que la guerre de 1914-1918 serait absolument impensable aujourd'hui. Personne ne peut imaginer que les Français supporteraient de se voir mourir tous les soirs au journal de 20 heures, avec le nombre de soldats tués s'incrustant au bas de leur écran. Cela pendant quatre ans. Aucun Français, aucun Allemand ne tolérerait quatre ans de reportage dans les tranchées. Aucun Français ne supporterait plus aujourd'hui que l'incurie d'un état-major fasse plus de victimes que trois tsunamis consécutifs. Verdun ne pourrait pas résister aux médias contemporains. Aujourd'hui la guerre, c'est-à-dire la violence d'Etat, n'est tolérée qu'à la condition d'être lointaine, technologique, professionnelle, transparente et déontologique...

La construction européenne, le principe d'ingérence humanitaire et le Tribunal international de La Haye renouent avec l'universalisme des Lumières. La Nation n'est plus qu'un avatar de l'Histoire. Les Français veulent bien se battre pour leur identité. De là à mourir en masse pour leur pays, c'est tout autre chose.

Les idéologies, véritable méthadone des peuples, ne résisteront pas elles non plus au goût du confort et de la consommation. Brassens était prophétique lorsqu'il chantait : « Mourir pour des idées, d'accord, mais de mort lente... » Nous sommes tous des anarchistes. L'individualisme est parvenu à un tel niveau de développement que personne ne peut plus accepter de voir son confort de vie sacrifié à la réalisation d'un idéal collectif. Chacun veut aujourd'hui « se réaliser », et cette réalisation passe non plus par l'accomplissement de l'humanité mais par la réalisation de ses propres aspirations. Quand une société ne parvient plus à dessiner une ligne d'horizon commune, chacun cherche à repousser les frontières de son propre ennui. La réalisation des désirs individuels est de nos jours la seule grande aventure. C'est ce que montrent les livres de Houellebecq et c'est probablement ce qui explique leur impact et leur succès.

Ainsi, pour la première fois de notre histoire, un simple individu peut se permettre de défier l'Eglise, l'Etat, l'armée et toute pensée politique qui ne lui convient pas. A priori, aucune autorité n'est plus acceptée. Elle doit être socialement compatible et individuellement admise. Le seul cadre qui semblait encore résister était celui de la famille. Mais nous avons vu qu'il était lui aussi au bord d'imploser, et pour une raison simple ; ceux-là mêmes qui disposent de l'« autorité naturelle » au sein de la famille éprouvent de plus en plus de difficultés à l'exercer. Dans une société où le débat et la concertation prévalent, l'obéissance à une autorité de droit instituée d'office est très mal acceptée.

Aujourd'hui, les Français peuvent donc se déplacer, communiquer, construire, s'instruire, détruire, résister, vendre, acheter sans autres entraves que celles qu'ils se sont collectivement imposées par l'intermédiaire de la loi. Laquelle est toute relative dans la mesure où un simple mouvement d'humeur électorale suffit à la faire modifier ou retirer.

Pourtant, jamais peut-être nous n'avons eu le sentiment de maîtriser aussi peu les choses. Le monde est à portée de main et il nous échappe tous les jours davantage. Nous appartenons à la société la plus libre et la plus technologique de tous les temps, et nous ne sommes pas loin d'imaginer, comme les Grecs anciens, que notre destin est aux mains des Parques. Les faits de notre existence filent aveuglément la trame de chacune de nos destinées et l'interrompent quand bon leur semble. Un siècle de progrès et d'émancipation nous laisse sans défense et sans moyens de réellement maîtriser notre destin. Les cadres traditionnels qui structuraient toute vie sociale sont tombés les uns après les autres. Il est clair aujourd'hui qu'ils nous protégeaient autant qu'ils nous contraignaient. Avec eux, la vie avait un sens qui nous était donné. La voie était tracée, les lendemains ne demandaient qu'à chanter, chacun rêvait à son grand soir. La liberté nous a grisés pendant trente ans, mais une fois tous les murs de Berlin tombés, nos sociétés occidentales se sont retrouvées totalement désemparées. Libéré de ces contraintes, chacun a pu expérimenter l'étendue de son impuissance. A partir du moment où l'Histoire n'a plus de sens imposé, c'est le sens de notre destin qui nous échappe. Les événements semblent animés d'une vie propre sur laquelle personne n'a plus barre. L'action n'a plus de raison d'être.

2

L'impuissance publique

Depuis bientôt trente ans, alors que l'esprit du temps finissait par avoir raison des derniers arcs-boutants de la société traditionnelle, un sentiment d'abord diffus puis de plus en plus prégnant a fait place à l'optimisme révolutionnaire qui prévalait jusque-là. Loin de changer la vie, les nouvelles normes sociales semblaient fragiliser l'avenir. Une fois abattues les barrières de toutes les certitudes, religieuses, politiques et morales, les sociétés occidentales se sont trouvées face à un mur autrement plus coriace, celui de la réalité. Alors qu'en quelques décennies tout venait de changer, la réalité devenait tout à coup têtue et résistante. Les faits, jusque-là si dociles, ne voulaient plus se plier à la magie du discours ni même à la force de la volonté. Comme si la crise économique avait frappé le monde d'impuissance.

Les mots eux-mêmes ont changé. Il suffit de lire la presse ou d'écouter les médias audiovisuels pour découvrir une civilisation fataliste et immobile. Les mots, ces mots quotidiens dont usent et abusent des commentateurs perdus dans leurs propres analyses, révèlent une disposition d'esprit générale, une véritable abdication de la volonté sociale devant la fatalité des faits. Depuis que la crise s'est durablement installée, on « attend » le retour de la croissance. Croissance que l'on tente de « préserver » là où il faudrait la provoquer. Le 4 octobre 2004, le journal *La Tribune* titrait : « Le G7 mobilise pour préserver la croissance ». Ainsi, cette organisation économique internationale regroupant les plus grandes puissances économiques mondiales n'offre pas d'autre perspective à moyen terme que le maintien de ce qui existe déjà. Dans ces conditions, comment espérer que les choses changent ? Dans le même ordre d'esprit il est convenu, aujourd'hui, d'« espérer » la « décrue du chômage ». Le chômage, la crise, les phénomènes économiques sont désormais décrits comme autant de phénomènes naturels, imprévisibles et parfaitement immaîtrisables. Il n'est plus question que du « séisme des délocalisations » ou de la « déferlante » des produits d'importation. Le vocabulaire réservé jusque-là par l'Académie française aux catastrophes naturelles est désormais appliqué aux mécanismes de l'économie. Ce n'était pas la peine de libérer l'Homme de Dieu pour que les économistes jouent les chamans, attendant que les esprits veuillent bien les éclairer sur le temps qu'il fera demain. L'économie est devenue, en quelque sorte, le climat postmoderne. Les paysans d'autrefois tremblaient devant l'orage, aujourd'hui le salarié tremble devant la courbe du chômage. Le paysan des temps anciens avait cette supériorité sur le salarié contemporain, c'est qu'il pouvait au moins demander à son curé de dire une messe pour chasser la grêle. Si l'orage éclatait, on invectivait le saint intercesseur que l'on abandonnait pour s'adresser à un saint plus efficace. Le salarié contemporain, lui, n'a pas ce recours. Il sait qu'aucune prière ne viendra à bout de la crise. Les gouvernants, encore plus inefficaces que les curés d'hier, semblent parfaitement incapables de « changer la vie ». François Mitterrand, qui avait convaincu les électeurs en 1981 avec ce slogan, déclarait douze ans plus tard : « On ne peut rien contre les malheurs du temps. » En douze ans, la France est passée brutalement de l'optimisme du *Temps des cerises* aux angoisses d'un nouveau Moyen Age. Depuis bientôt trois ans, la courbe de confiance des Français dans la capacité de leur gouvernement à faire face aux principaux problèmes du pays ne cesse de piquer du nez. Confiants à près de 60 % fin 2002, ils le sont à peine deux ans plus tard à moins de 40 %.

Il paraît bien loin, mythologique presque, le temps où le président Roosevelt, s'adressant à une Amérique traumatisée par la grande crise, lui proposait un *New Deal*. L'économie était exsangue, le modèle capitaliste en pleine faillite, la Russie soviétique offrait un modèle de société alternatif, l'Allemagne se donnait aux nazis, mais les Américains, eux, allaient construire des routes, des barrages, des lignes électriques et renouer avec la prospérité et la grandeur. Roosevelt disait : « On peut faire. » L'Amérique répondait « faisons ». Le destin était à construire.

Depuis trente ans, la France s'est installée dans une crise permanente et les décideurs, au lieu de décider, se contentent de théoriser leurs échecs.

En 1997, Lionel Jospin, Premier ministre de gauche, porteur d'un discours politique volontariste, déclare pourtant, devant la délocalisation et la fermeture des usines Michelin : « L'Etat ne peut pas tout. » Si l'Etat ne peut rien, que peut le citoyen ? Il ne lui reste pas d'autre alternative que choisir entre la résignation ou la révolte. Les délocalisations offrent l'exemple parfait de ce nouveau désordre social que personne n'est désormais en mesure de maîtriser. Elles sont à la croisée de toutes les impuissances modernes. Plus aucun discours n'est en mesure de les faire accepter à partir du moment où certaines entreprises délocalisent aujourd'hui des sociétés tout à fait performantes et abandonnent à la friche industrielle des usines flambant neuves, souvent subventionnées par le contribuable. Personne, pas même la loi ou l'Etat, n'a de réponse efficace au phénomène. Le danger vient de l'étranger, là où les décisions de délocalisation sont prises. Aucune de ces mesures de protection imaginées par les partenaires sociaux aux beaux jours du dialogue social ne protège plus le salarié. La perte de maîtrise est totale. Le salarié n'a plus aucun moyen d'action sur son entreprise, l'entreprise peut disparaître du jour au lendemain. Les élus sont totalement impuissants, la décision est prise par des hommes qui n'ont aucun compte à rendre à nos lois, à notre Etat. Alors que 10 % seulement des délocalisations sont réellement destructrices d'emplois, un sondage CSA publié par le journal *La Tribune* place la lutte contre les délocalisations en tête des priorités que les Français assignent à leur gouvernement. Ce chiffre est bien sûr à la hauteur de l'angoisse des salariés, mais il en dit long sur l'impuissance des gouvernements devant le chantage à l'emploi de certaines multinationales.

Alors, certes, les Français ont intégré – même s'ils ne l'acceptent pas – l'impuissance des politiques devant le désordre économique. Les restructurations économiques de la fin des années 1970 ont laissé des traces. Elles étaient de toute évidence moins violentes, plus maîtrisées que les délocalisations actuelles, mais l'Etat ne faisait qu'accompagner un phénomène économique inéluctable, le déplacement vers les pays émergents de cette industrie lourde qui avait fait pendant plus d'un siècle la puissance et l'orgueil de l'Europe occidentale. La récente abolition, par Bruxelles, des dernières barrières qui protégeaient l'industrie textile européenne vient d'accélérer brutalement ce déplacement vers les pays émergents, la Chine en l'occurrence, des principaux moyens de production. Avec l'effondrement de la filière textile, c'est donc le cœur de la vieille prospérité économique de l'Europe qui est touché. Bien avant la sidérurgie, c'est la fabrique et le commerce des textiles qui ont porté l'industrialisation de l'Europe. Sans le textile, pas de *take-off*, pas de démarrage industriel des économies européennes. Au-delà de sa portée historique et symbolique, sa disparition pourrait annoncer un irrémédiable déclin économique. Une telle perspective est inacceptable. Elle signerait l'abdication de toute volonté politique face à la dérégulation générale des relations économiques.

Citoyens d'un vieux pays centralisé et administré, les Français ne peuvent pas tolérer que l'Etat abdique ses fonctions régaliennes. Lorsque François Fillon, ministre de l'Education nationale, alors qu'il se trouve confronté à un simple monôme lycéen, bat en retraite sur un élément clé de sa réforme et explique le lendemain aux Français que toute réforme de l'école est rigoureusement impossible, il désespère un peu plus le nouveau Billancourt ; cette classe de salariés moyens soumise à l'incertitude économique mais qui attend tout de même de l'Etat qu'il forme leurs enfants. Si l'école n'est plus tout à fait dans l'Etat, alors l'Etat n'est plus tout à fait l'Etat, il reste tout au plus un percepteur illégitime. Pourtant, l'opinion aspire à la réforme. Les Français ont parfaitement conscience que c'est d'abord l'école qui forge l'identité collective du pays tout en déterminant le futur parcours professionnel de chacun. L'abandonner aux mains des corporatismes, aussi sympathiques soient-ils, c'est lui faire courir un énorme risque. Les Français savent bien que l'école est une chose trop sérieuse pour la laisser aux mains des syndicats et des collégiens. Ils sont, en effet, plus de 60 % à considérer qu'il y a « beaucoup à changer » dans le système éducatif français (chiffres Ipsos 2003). Pourtant, depuis trente ans, alors que l'école doit faire face à la massification des effectifs, la seule réponse des gouvernements a été budgétaire. Depuis 1974, les dépenses ont augmenté de 96 % pour le premier degré et de 76 % pour le second, mais en 2004, malgré cette manne financière et un décrochage de la démographie scolaire, cent cinquante mille jeunes sortent du système scolaire sans aucune qualification, 15 % des élèves ne maîtrisent pas la lecture en sixième et 20 % des 15-24 ans sont chômeurs. Financer n'est pas agir, et acheter la paix sociale à coups de rallonges budgétaires, comme le fit François Bayrou en 1995 pour éteindre la révolte étudiante, ne résout rien.

Non seulement l'Etat semble avoir renoncé à se réformer, mais il apparaît même incapable d'honorer la première obligation de tout contrat social, défendre les plus faibles. L'Etat n'a pas d'autre raison d'être que celle-là et il ne faut pas être un fin spécialiste de Hobbes ou de Rousseau pour savoir que l'individu accepte l'autorité et les prélèvements de l'Etat en échange de sa protection. Or, aujourd'hui, l'Etat n'est plus perçu comme protecteur. C'est bien sûr la terrible leçon que les Français ont tirée de la canicule de l'été 2003 et de ses 14 400 morts. L'Etat s'est révélé parfaitement incapable de faire face à une catastrophe météorologique qui a fait autant de victimes que Tchernobyl. Les images d'un ministre en bras de chemise pérorant depuis la terrasse de ses vacances alors que les services d'urgence voyaient affluer les vieillards déshydratés ont laissé des traces profondes dans l'inconscient collectif. L'Etat n'est pas seulement incapable de gérer le quotidien, il est aussi incapable d'agir en cas de coup dur.

L'impossibilité d'agir fait désormais partie intégrante du discours politique ; les responsables politiques sont devenus de simples commentateurs de leur propre impuissance, et il est désormais publiquement admis qu'il existe des zones de non-réforme comme il existe des zones de non-droit. L'impuissance publique ne se dissimule plus, elle s'affiche.

3

La faillite des élites

Ce sentiment de doute, cette impression d'assister impuissant au dérèglement du monde n'est pas uniquement une caractéristique de la France d'en bas. La crise a démontré depuis longtemps la totale inefficacité du discours technocratique. Pourtant, les technocrates, eux, demeurent et continuent à présider aux destinées du pays. Pour justifier leur maintien au pouvoir, ils développent depuis plus de vingt ans un discours sur les limites de leur propre pouvoir. Ayant théorisé leur incapacité à agir, ils ont devancé la critique et plongé leurs électeurs dans la désespérance. Ainsi, depuis l'échec retentissant de la relance de la croissance économique par la consommation pratiquée par le gouvernement Mauroy, la politique a perdu son pouvoir et sa suprématie. La réalité du monde ayant eu la grossièreté de faire mentir l'utopie socialiste, elle a été rendue responsable, en retour, des erreurs politiques. Les successeurs ont retenu la leçon, et la fameuse « contrainte extérieure » a permis de tout expliquer, de tout justifier pendant deux décennies. Il a tellement été dit que l'Europe et la mondialisation fixaient les règles que les Français ont fini par le croire. Les politiques ont perdu là non seulement leur crédibilité, mais jusqu'à leur appétence.

De leur côté, les élites économiques, après avoir un temps incarné l'efficacité et la maîtrise de la réalité, sont à leur tour saisies du doute. Le pragmatisme, le talent, la rigueur, l'innovation que grands patrons et entrepreneurs étaient parvenus à hisser au sommet des valeurs sociales en opposant leurs actes aux discours des politiques sont maintenant confrontés à leur propre impuissance. La réalité, cette réalité qui fut si souvent leur alliée, est en train de les abandonner, ou, plus exactement, elle leur échappe. Quand des patrons chevronnés voient le cours de la Bourse se découpler des performances de leur entreprise au gré des modes en vogue chez des analystes financiers, dont certains n'ont pas trente ans, ils peuvent à bon droit s'interroger. Si les critères de productivité et de rentabilité auxquels ils ont toujours fait référence pour rendre compte de la santé de leur entreprise n'ont plus d'effet sur la valeur financière de ces mêmes entreprises, comment leur est-il possible d'avoir une quelconque influence sur le marché ? Dans ces conditions, les entrepreneurs peuvent être dépossédés du contrôle de leur entreprise par une simple opération boursière, et les managers deviennent parfaitement interchangeables, comme de vulgaires ministres de la République. L'entreprise n'est plus le domaine de la pérennité, elle aussi peut être victime de réactions irrationnelles.

Face à ce désordre général, les élites intellectuelles pourraient offrir une alternative sereine, proposer un décodage, une lecture du monde rassurante parce que rationnelle. Il n'en est rien ; trop marqués dans le passé par leurs choix idéologiques, les grands maîtres à penser se font rares ou, plus exactement, ils peuvent être classés, à quelques exceptions près, en deux catégories distinctes, les ermites et les médiatiques. Les ermites se sont retirés du monde, ils enseignent à l'Université ou à l'étranger dans des séminaires confidentiels, et le rayonnement de leur pensée, aussi éclairante soit-elle, n'excède pas le cercle de leurs disciples. Retirés de l'agitation du monde, ils n'ont plus aucune influence sur celui-ci. Ils le méprisent tel qu'il est, ils ne le maîtrisent pas et ils le savent. A l'inverse, les intellectuels médiatiques se régalent du monde, de ses risques, de ses drames et de ses conflits dont ils ont fait leur fonds de commerce. Ils ont une idée de tout, une idée sur tout, une solution à tout, à condition de pouvoir l'exposer sur un plateau de télévision ou en duplex depuis un charnier ou une ville assiégée. L'intellectuel médiatique est donc omniprésent, mais la surexposition a un prix, l'obsolescence de la pensée. Les idées trop vite exprimées prennent le risque d'être aussi vite démenties par les faits. L'intellectuel médiatique occupe le monde, il amuse le téléspectateur cultivé. Lui aussi, dans un autre registre, se contente de commenter l'événement ou la société, il ne la façonne plus. D'une certaine façon, ses atermoiements incessants contribuent à l'impression de désordre et de dérèglement que dégage la société contemporaine.

4

La nostalgie des contraintes

La déréglementation générale de la société, aussi bien dans le domaine économique que dans les comportements privés, est génératrice d'angoisse. En effet, comment prétendre à une quelconque maîtrise des choses en l'absence totale de règles ? La règle rassure parce qu'elle est connue de tous et acceptée de tous. Elle protège le faible. Dès qu'elle disparaît ou devient imprécise et fluctuante, elle se transforme en privilège dans la mesure où seuls les initiés peuvent la connaître et donc la maîtriser. La règle respecte le mérite car elle donne à chacun la même chance. L'Etat républicain est avant tout un Etat régulé, dans lequel chacun sait que le respect des règles est la meilleure garantie des libertés individuelles. La crise de l'école est un parfait exemple de cette mutation des esprits.

L'école de la République est longtemps restée le lieu d'apprentissage par excellence de ces règles communes. Tous les petits Français étaient alors soumis aux mêmes « leçons de morale », aux mêmes règles, au même certificat d'études. La règle républicaine était ainsi assimilée en même temps que la langue unique, le français d'Anatole France. Les lycéens, qu'ils soient marseillais, bretons ou parisiens, apprenaient la même chose au même moment dans tout le pays. Jusqu'à la sonnerie des récréations qui retentissait à la même heure de Brest à Nîmes. L'ouverture au monde s'est faite au détriment de la règle. La transparence l'a emporté sur la cohérence, le dialogue sur la discipline. Même les règles de grammaire, au prétexte qu'elles étaient bien trop normatives, sont devenues suspectes. L'école ne devait plus être un lieu d'inculcation de la règle commune mais de révélation de l'identité personnelle.

Pourtant, depuis quelques années, la question de la règle est revenue animer le débat. L'école, en tant qu'institution, est devenue aussi anxiogène pour les enfants que pour les parents. L'absence de toute règle de vie en commun a laissé la violence de la rue entrer dans la cour de récréation. La multiplication des filières, des formations et des diplômes a créé un maquis inextricable qui fait de l'orientation un véritable parcours du combattant. Dans ce contexte, la société cherche dans le passé des raisons d'espérer. La nostalgie des contraintes explose. Le succès du film *Les Choristes* et de l'émission de télé-réalité *Le Pensionnat de Chavagne* incarne cette tendance. Le débat sur le retour de l'uniforme l'a portée sur la place publique. Les manifestations des lycéens contre la loi Fillon l'ont fait descendre dans la rue. Qui aurait pu imaginer, il y a de cela dix ans à peine, que des lycéens se mobiliseraient contre la prise en compte du contrôle continu pour le baccalauréat, alors que cette mesure de bon sens est une vieille revendication étudiante ? Quoi de plus rassurant, en apparence, que de voir le travail de toute une année scolaire compter pour l'obtention d'un diplôme de fin d'études ? Pourtant les lycéens ont manifesté en masse. Ils ne se sont pas révoltés contre la mesure elle-même, ils se sont simplement soulevés contre une nouvelle atteinte à la règle du jeu. En proposant d'instiller une dose de contrôle continu dans les épreuves du baccalauréat, le gouvernement croyait bien faire. Il a au contraire réveillé la vieille peur d'un diplôme à deux vitesses, le contrôle continu du lycée Henri-IV n'ayant pas la même valeur aux yeux des universités et des futurs employeurs qu'un bac 93 en région parisienne ou bac « quartiers nord » à Marseille. Généraliser le contrôle continu revenait, aux yeux des lycéens, à relativiser un diplôme qui perdait sa valeur nationale. Ces éléments posés, le mal vient de plus loin. Le bac est le dernier repère rassurant d'un système scolaire complètement chamboulé par les réformes. Cette règle, connue de tous, intangible et rituelle, marque une étape. Y toucher, c'est porter atteinte à un repère biographique, c'est accepter la fin de la règle.

L'école est un exemple parmi d'autres, le plus voyant peut-être, de cette nouvelle attente qui fait de la règle, de la contrainte même, la réponse épidermique d'une société qui a perdu la maîtrise d'elle-même.

CINQUIÈME PARTIE

LA SOCIÉTÉ DE LA PEUR : NOUVELLES DEMANDES, NOUVELLES RÉPONSES

La société de la peur dans laquelle nous sommes entrés depuis bientôt deux décennies conditionne désormais tous les domaines de la vie sociale comme de la vie privée. Elle génère de nouveaux comportements et surtout de nouvelles attentes. Ces attentes doivent être comprises et identifiées si nous voulons pouvoir y répondre de façon pertinente.

1

La maîtrise, une valeur « aspirationnelle » dominante

Dans une société qui a perdu la maîtrise d'elle-même et qui n'est plus en mesure de proposer un destin collectif, l'individu cherche à construire, délimiter et protéger des enclaves à sa mesure qu'il puisse maîtriser pour se soustraire au chaos général. Chez les Français, cette aspiration à la maîtrise des choses est à l'œuvre dans tous les domaines de leur vie, et notamment de leur vie personnelle.

La maîtrise de sa vie de famille

La famille est bien sûr et tout naturellement le domaine de prédilection de cette soif de maîtrise. Longtemps considérée comme une obligation et une convention sociale, elle trouve aujourd'hui une nouvelle valeur. Pendant des siècles, la famille incarnait avant toute chose une triple obligation : morale, économique et sociale. En effet, la famille répondait primitivement au besoin que toute société éprouve à organiser les relations sexuelles pour éviter l'anarchie des comportements. En institutionnalisant le couple d'une façon ou d'une autre, elle permettait aussi d'organiser la filiation et donc la transmission d'une culture, d'un patrimoine. Par ailleurs, dans des sociétés traditionnelles où chacun devait assurer sa subsistance sans autre secours que la propriété ou le travail, la famille se confondait, de fait, avec la première cellule économique. Elle était, alors, la principale unité de production, et c'est en son sein que se structurait le partage des tâches. Marquée par toutes ces obligations, la famille incarnera longtemps le domaine de toutes les contraintes, le modèle d'une organisation quasi carcérale de la société, portée à son paroxysme par le triomphe de la famille bourgeoise dès le début du XIXe siècle. C'est cette structure sociale-là qui reçoit en pleine figure « familles je vous hais » d'André Gide. C'est elle, encore, qui vacille sous les coups de boutoir qui lui sont portés à partir de 1968. Tout le monde aspire alors à une liberté relationnelle et sexuelle qui est aux antipodes des contraintes familiales. Le célibat assumé, l'amour libre, la cohabitation juvénile incarnent l'avenir. Les générations nées après la guerre considèrent qu'elles ont fait un premier pas vers la liberté individuelle dès lors qu'elles ont quitté le giron familial. L'effondrement des mariages, qui passent de 330 000 en 1950 à 250 000 en 1994, la multiplication des divorces, qui touchent un mariage sur trois, semblaient confirmer la « fin de la famille ».

Pourtant, jamais la famille n'a été autant plébiscitée depuis que la société de la peur s'est substituée à la société de confiance. Elle incarne, pour neuf Français sur dix, « le dernier havre de paix et de sécurité » (chiffres CCA 2000), et 74 % de ces mêmes Français considèrent que la forme de vie idéale est de « se marier et avoir des enfants » (Ipsos 2001). Dans une société devenue hostile, la famille est vécue non plus comme une incarnation de la contrainte mais comme le dernier îlot de protection. Elle fonctionne comme ces arcs de cercle imaginaires, des *querencias*, que trace le taureau de combat sur le sable pour se protéger d'un monde, symbolisé par la piste des arènes, devenu soudain trop vaste et trop hostile. Jean-Paul Sartre désignait sa table favorite au café des Deux Magots comme sa *querencia*. La famille peut même être considérée comme l'expression la plus répandue du communautarisme ambiant. Autant elle protège ses membres, autant elle peut exclure brutalement, dans le cas d'un divorce par exemple, ceux qui n'en font plus partie. Ses frontières sont parfaitement définies et peuvent même se révéler d'une étanchéité redoutable. La famille forme une communauté à laquelle on appartient, ou pas. Il n'y a pas de place pour le doute. La certitude d'être toujours protégé par ce cercle magique où les échanges cessent d'être marchands fait de cette microcommunauté un lieu où chacun trouve non seulement un refuge, mais une source d'épanouissement. Hier, les hommes abandonnaient la gestion quotidienne et affective de la famille aux femmes. Aujourd'hui, délaissant leur terrain d'action traditionnel, les hommes s'impliquent de plus en plus dans le fonctionnement interne de la cellule familiale. L'image du « papa poule », inconcevable il y a encore quarante ans, et le succès des congés de paternité en sont la preuve. Hier, les enfants n'avaient pas d'autre but que de quitter le giron familial pour s'émanciper et créer à leur tour une famille. Aujourd'hui, ils quittent de plus en plus tard le foyer de leur enfance, quitte à pratiquer la double résidence entre un appartement indépendant pendant la semaine et la maison familiale le week-end. En vingt ans, l'échelle des valeurs s'est complètement renversée. La famille n'est plus ce champ clos où s'affrontaient les générations mais le domaine de la réconciliation et du débat. Elle est devenue interactive et même tolérante. Un espace de tendresse et de compréhension à l'intérieur duquel chacun peut exprimer son opinion et quelquefois son désarroi sans être jugé ou condamné, sans perdre son statut. Aux valeurs traditionnelles, comme le soutien ou le partage, sont venues se combiner ces valeurs modernes que sont le respect de l'individualité et du libre arbitre ou encore l'interdépendance. Désormais, la famille n'impose plus sa norme, elle l'adapte en fonction de l'évolution ou des aspirations de ses membres. Il n'est donc plus question de construire son identité en s'opposant au modèle familial, car c'est bien à l'intérieur de la famille que l'on peut être vraiment soi. Face aux déceptions rencontrées dans le monde professionnel ou dans le discours politique, voire dans le milieu relationnel extrafamilial, la famille offre ainsi une possibilité d'exercer sa maîtrise et donc sa responsabilité. Cette vie de famille à laquelle aspire une majorité écrasante de jeunes Français offre une possibilité de réussite, un vaste chantier dont chacun peut être le concepteur et l'artisan. De plus, la multiplicité des modèles familiaux qui coexistent dans nos sociétés contemporaines permet aussi de trouver une « pratique » familiale personnelle. Le « chef de famille » détient là une parcelle d'autorité et de responsabilité, une liberté de choix, qui ne peuvent lui être contestées par personne. C'est peut-être ce qui explique le surinvestissement, voire l'agressivité de certains parents d'élèves dans leur relation aux enseignants. Le père ou la mère d'un élève, eux-mêmes en plein échec professionnel, affectif ou relationnel, chercheront toujours à jouer de cette autorité quasi institutionnelle que leur donne leur statut de chef de famille, autorité qui est aussi un symptôme du stress, car, en retour, la réussite du bonheur familial représente un nouveau défi. Certes, chacun est maître de définir les règles qui vont régir les relations familiales, chacun peut et doit dessiner ce petit projet collectif à son échelle, mais il peut échouer. Rater sa vie de famille ou l'éducation de ses enfants revient à perdre définitivement la maîtrise de sa propre vie. Dans ce cas, le désespoir n'est plus très loin. Nous sommes là au cœur de l'engrenage infernal de cette société de la peur qui provoque, à l'intérieur de la société française, des comportements de défense, lesquels génèrent, à leur tour, de nouvelles angoisses au lieu de les apaiser.

La maîtrise de ses loisirs

Cette exigence de maîtrise, aux effets parfois pervers, qui est à l'œuvre aujourd'hui dans la famille se retrouve dans d'autres domaines, le rapport aux loisirs par exemple. Les loisirs, comme la famille – les deux univers se superposent parfois –, offrent aux Français déstabilisés et inquiets par la dégradation de leur environnement social un autre domaine dans lequel il leur est possible d'étancher leur soif de maîtrise. Le phénomène est tel que chaque individu dispose aujourd'hui de deux identités sociales. L'une étudiée, contrainte même, adaptée à l'univers professionnel, l'autre plus authentique réservée aux périodes de loisirs. Il n'est pas rare, en effet, d'entendre dire d'un collègue au comportement un peu distant qu'il s'est révélé au cours d'un week-end ou pendant les vacances, comme si l'individu ne pouvait se laisser appréhender dans toute sa vérité que dans les rares moments où il échappe à la contrainte sociale. D'une certaine façon, le travail n'est plus jugé comme l'unique critère d'une vie accomplie et réussie. De là le souci et le besoin de maîtriser parfaitement ces plages de vie réservées non seulement aux loisirs, mais à l'expression de son identité profonde. C'est dans le temps libre que l'on se réinvente et que l'on s'affirme, d'où son importance et le besoin d'en profiter au maximum de façon active et valorisante. Le temps libre n'est plus du temps perdu mais bien du temps gagné sur la monotonie et le conformisme. Ainsi, le temps des loisirs est devenu si essentiel pour les Français qu'il est perçu comme insuffisant par une majorité d'entre eux, et cela malgré la cinquième semaine de congés payés et les RTT. En effet, 35 % des personnes interrogées par la Sofres en 2001 dans le cadre d'un sondage commandé par le ministère de la Ville ont déclaré manquer de temps pour leurs loisirs.

Hier encore les loisirs étaient encadrés, captifs même. Faute de moyens ou d'infrastructures touristiques, la maison ou la ferme des grands-parents étaient souvent le seul horizon des vacances familiales. Même les loisirs marchands laissaient peu de place à l'initiative ou à la démarche individuelle. L'évolution du Club Méditerranée, depuis cinquante ans, est de ce point de vue parfaitement exemplaire. Conçu à l'origine avec des matériaux et une organisation quasi militaire, un encadrement qui ne laissait aucune marge de manœuvre à ses membres, le club a su évoluer vers des formules beaucoup plus diversifiées, respectueuses de l'autonomie de ses clients. Ainsi ce géant du tourisme mondial est-il passé en quelques décennies de l'embrigadement des « bronzés » au slogan « le bonheur si je veux », qui résonnait déjà, il y a quinze ans, comme une véritable déclaration d'indépendance du « G-M ». Après trente ans de tourisme de masse, les Français aspirent aux vacances à la carte. L'offre doit être quasi individuelle si elle veut être attractive. Chacun veut des vacances qui lui ressemblent, des vacances hors normes pour une période qui échappe justement à la norme sociale. Dans une société qui ne laisse plus aucune place à l'improvisation, les nouveaux touristes exigent de l'insolite, de l'authentique. Il faut découvrir le désert, loger chez l'habitant, skier hors piste, mais à condition de bénéficier de toutes les garanties. Le désert, soit, mais avec une ligne satellite, le hors-piste, bien sûr, mais pas sans balise Argos, le logement chez l'habitant à condition que la décoration soit typiquement locale et le confort certifié. La société de la peur n'est jamais très loin qui exige son lot d'assurances et de réassurance avec, par-dessus tout, ce luxe suprême qu'est le risque maîtrisé, le plaisir du risque sans le risque.

La maîtrise de son argent

Lorsque, au milieu des années 1990, les Français ont pris brutalement conscience de la fragilité de leur système de protection sociale, ils ont immédiatement modifié leur rapport à l'argent. Pendant les années 1980, le retour éphémère de la croissance, la démocratisation du crédit à la consommation, la dématérialisation de l'argent par l'usage de la carte bancaire avaient pu laisser penser que le rapport des Français à l'argent s'était décrispé, modernisé en somme. Là encore la société de la peur a conditionné de nouveaux comportements. « Le pouvoir de l'argent étant devenu totalement incontrôlable au niveau des grands équilibres économiques, il semble plus que jamais indispensable de contrôler celui qui m'appartient... » L'argent apparaît alors comme un moyen de maîtriser le risque. Aussi, le taux d'épargne des Français, qui atteint les 15 %, demeure année après année le plus important d'Europe. Ce besoin de se rassurer par une véritable rétention monétaire est unique dans le monde occidental et, loin de s'atténuer, il paraît s'inscrire durablement dans les comportements économiques de nos compatriotes. En effet, 68 % des personnes interrogées en septembre 2004 pour une étude TNS conduite par *Le Figaro* et les services financiers de la Poste déclaraient vouloir épargner davantage en 2005. Pourtant, malgré la crise, la situation financière des Français s'est fortement améliorée. Ainsi, en trente ans, le salaire moyen est passé, en France, de 14 000 à 21 400 euros constants, et le patrimoine des Français a triplé. Les Français en sont parfaitement conscients dans la mesure où ils sont 77 % à considérer que leur situation matérielle est satisfaisante, mais 62 % à se considérer comme prévoyants. La France est un pays fabuleusement riche qui a peur de manquer.

Cette passion du bas de laine va jusqu'à mettre en danger la prospérité du pays, car l'argent épargné ne vient pas irriguer l'économie. Il pèse sur elle comme une chape de plomb. Ainsi, alors qu'économistes et responsables politiques réfléchissent à augmenter le pouvoir d'achat des consommateurs par tous les moyens de façon à relancer l'économie et donc à faire reculer le chômage, les Français conservent des réflexes désespérants. Ils ne seraient que 57 % à consommer davantage si une baisse des prélèvements sociaux devait augmenter leur pouvoir d'achat. Le reste viendrait grossir cette épargne qui étouffe le pays sous un édredon monétaire sans parvenir à le rassurer sur son avenir. Le plus grave dans ce phénomène c'est que cette fièvre de l'épargne touche aussi les plus jeunes, c'est-à-dire la partie de la population qui est censée s'équiper et investir pour préparer son présent avant de penser à son avenir. Or la moyenne d'âge des souscripteurs du PERP à la CNP en septembre 2004 était de seulement 38 ans, soit l'âge auquel les générations précédentes s'endettaient pour s'installer, que ce soit à titre privé ou professionnel. Une jeunesse qui épargne avant même de gagner de l'argent et de le dépenser – les études les plus récentes montrent que les adolescents épargnent même sur leur argent de poche et sur les gains de leurs « petits boulots » – est certainement l'un des symptômes les plus préoccupants de la société de la peur. Une jeunesse qui pense à sa retraite avant même d'avoir un emploi est une jeunesse paralysée par les angoisses de ses aînés.

Comme en France le capitalisme fait peur, cette immense épargne n'est donc pas non plus investie dans la Bourse. Cette méfiance à l'égard du capitalisme boursier est très ancienne, elle remonte au début du XVIIIe siècle à l'époque où un aventurier de génie, John Law, réussit à convaincre le Régent de sauver le royaume de la faillite en créant un véritable papier-monnaie. L'idée consistait à créer une compagnie par actions dont le but était de mettre en valeur et d'exploiter les lointaines colonies françaises du Mississippi. La fortune devait venir de ce nouvel Eldorado. Les actions montèrent jusqu'à des prix vertigineux, créant ainsi une richesse totalement artificielle. Des retraits massifs en numéraire firent basculer la confiance. Ce fut le premier krach financier de notre histoire économique. Ce spectre de la ruine brutale et irrémédiable hante la mémoire collective du pays. Les Français épargnent leur argent pour se rassurer, et ils ne veulent pas craindre, en plus, pour la sécurité de cette épargne. Ainsi, dans le choix des placements, l'immobilier vient en tête (53 %), suivi par les produits d'accession à la propriété comme le CEL [1] ou le PEL [2] (28 %) et les placements liquides et fiscalement indolores que sont les comptes et livrets d'épargne (28 %), puis les assurances vie (18 %). La Bourse, quant à elle, arrive dans les derniers choix (9 %), juste derrière les jeux d'argent ! L'économie française, qui pourrait être l'une des plus capitalistes du monde au regard de sa capacité d'épargne, est aujourd'hui victime de la société de la peur et de ses effets pervers. Pour essayer de se prémunir contre la peur du lendemain, les Français épargnent. Cette épargne ralentit le rythme de la consommation et assèche l'économie. Le chômage augmente et les peurs des Français aussi.

La maîtrise de sa santé

La crise de confiance qui caractérise la société de la peur et qui explique le besoin de nos concitoyens à maîtriser leur univers intime a bien sûr des conséquences directes sur leur rapport à la santé. La vague de suspicion qui a discrédité les élites au cours de ces deux dernières décennies n'a pas épargné la méde-

1. Compte d'Epargne Logement.
2. Plan d'Epargne Logement.

cine et les médecins. La médiatisation des erreurs médicales, le scandale du sang contaminé et ses révélations sur les pratiques de certains hauts responsables médicaux, l'incapacité de la médecine à juguler l'épidémie de sida et la prolifération des cancers alors que des décennies de progrès scientifiques laissaient imaginer que la guérison était un droit ont contribué à faire descendre la médecine de son piédestal. Hier, ses ordonnances n'étaient pas plus discutées que ses diagnostics. Le médecin était tout-puissant, il était même le dernier dans nos vieilles sociétés démocratiques à avoir sur les hommes droit de vie et de mort. Il était impensable d'assigner en justice un chirurgien pour une erreur médicale. Comme les classes privilégiées de l'Ancien Régime, les médecins ne pouvaient être jugés que par leurs pairs réunis au sein de leur ordre. Aucun juge, aucun expert ne pouvait porter un jugement sur la science, et la science était la chasse gardée du corps médical. Le patient, un mot qui résume à lui seul une situation, devait se soumettre au traitement, attendre et souffrir. Il pouvait mourir, l'essentiel pour la Faculté était qu'il meure guéri... Ce temps est révolu. Aujourd'hui, la santé est une chose trop grave pour être confiée aux seuls médecins. La figure du médecin expert qui détient le savoir et auquel on accorde une confiance aveugle s'est peu à peu effacée au profit du médecin prestataire dont la parole est mise en concurrence. Dans une société qui considère la santé comme un dû, la peur de la maladie a pris de telles proportions qu'il n'est pas plus question de s'en remettre à Dieu qu'à son médecin. D'où une multiplication des consultations pour une même maladie et le recours à d'autres sources d'informations que la parole médicale. Aujourd'hui, avant de prendre une décision sur son propre cas, un malade interroge son entourage, consulte Internet et les revues de vulgarisation médicale. Longtemps réservés aux seuls praticiens, les livres médicaux arrivent en tête des ventes, et les magazines spécialisés se multiplient. Les patients consultent, discutent, mettent les médecins et les médecines en concurrence. Là où les thérapies occidentales sont jugées trop lourdes ou insuffisamment efficaces, elles sont de plus en plus remplacées ou épaulées par des médecines non conventionnelles. Le malade devient prescripteur, et le risque de l'automédication n'est pas loin.

Ici encore, cette exigence de maîtrise est une conséquence de la société de la peur. Les Français sont tout à fait conscients des progrès de la médecine, mais dans le même temps les multiples informations dont ils sont la cible permanente augmentent leur connaissance des risques. Ils ont le sentiment que la médecine pourra les guérir de tout avant leur mort, mais craignent d'être terrassés par la maladie avant d'avoir pu bénéficier de ces progrès fabuleux. De là un sentiment d'injustice. Il est inacceptable de souffrir, voire de mourir, d'une maladie qui sera peut-être soignée demain. La vie et la santé ne sont plus un cadeau du destin mais un dû. Aujourd'hui, la conscience du risque et la certitude du progrès accentuent la crainte de s'en voir privé. Dans ces conditions, le patient refuse de déléguer intégralement sa santé au seul corps médical. Il veut pouvoir exercer un contre-pouvoir à celui du médecin.

La maîtrise par le marketing

Le développement de l'économie moderne a vu l'essor fabuleux des marques, présentes dans tous les domaines de la société. Les marques ont pris une telle place dans nos vies qu'elles ont généré à elles seules un mouvement de contestation planétaire, avec comme petit livre rouge le *No logo* [1] de Naomi Klein. En réalité, les marques sont devenues le symbole absolu de la toute-puissance du marché, la partie émergée de l'iceberg de la société de consommation ; en s'attaquant à elles, c'est à la mondialisation que l'on s'en prend. En criant sa haine à Coca-Cola, c'est au capitalisme dans son ensemble que l'on s'adresse. Le succès de *99 francs* [2] de Beigbeder était le signe avant-coureur de ce phénomène. Pur coup de marketing à l'origine, ce livre a revêtu un moment les oripeaux du pamphlet révolutionnaire. Drôle d'époque où un danseur mondain prend les habits de Hegel pour réaliser un bon coup de marketing et faire en passant un joli succès de librairie.

Si les marques sont devenues de loin les premiers actifs des grandes entreprises mondiales, avant même leurs actifs industriels, c'est qu'elles ont su dépasser leur fonction première qui consiste à permettre la différentiation des produits et à offrir aux consommateurs un engagement et une garantie de qualité. Dans un monde difficile à appréhender, où il est difficile de se repérer, les marques proposent plus que jamais des espaces de maîtrise aux consommateurs, à l'individu, voire aux citoyens. Les marques,

1. Actes Sud, 2001.
2. Grasset, 2000.

ou tout du moins celles qui réussissent à s'imposer, sont créatrices de mondes. Un monde dans lequel il est proposé aux consommateurs d'évoluer, de se retrouver, de se reconnaître et, pourquoi pas, de se rencontrer, sur un site Internet ou dans un espace physique.

Ces mondes virtuels sont des vrais mondes, régis par des idéologies et des systèmes de valeurs, avec drapeaux, hymnes et emblèmes. On y évolue dans un univers de signes, de couleurs et de sons. Nike est souvent présentée comme la première entreprise à avoir su dématérialiser considérablement son activité pour faire de sa marque un univers où l'on partage des valeurs et une idéologie, où l'on côtoie des stars du sport business, et où l'on vit enfin des expériences fortes, tout à la fois physiques et sensorielles, réelles et virtuelles. Son slogan, « *Just do it* », est l'expression d'une philosophie de vie partagée par les membres de la communauté. Tous ceux qui considèrent le dépassement de soi comme une valeur essentielle se reconnaissent dans cette marque qui a fait de l'achat d'une paire de chaussures un acte militant, ou tout du moins la condition d'une appartenance à une communauté culturelle. Le fameux Swootch de Nike fonctionne comme un signe cabalistique permettant aux membres de la communauté de s'identifier, et même de se reconnaître. En faisant du sport non plus seulement une pratique physique mais bien une culture, un mode de vie et, au-delà, un fondement existentiel, Nike a transformé des consommateurs en adeptes d'une communauté. Comme toute communauté ethnique, culturelle ou religieuse, elle permet de restreindre la vastitude angoissante du monde et autorise chacun de ses membres à évoluer dans un espace plus restreint, plus idéal, plus maîtrisé, et donc plus rassurant.

L'évolution des slogans publicitaires des grandes marques mondiales nous éclaire davantage sur l'évolution du monde que bien des rapports officiels commandés par des instances internationales. Le « *Just do it* » de Nike, injonction par trop violente dans une société qui n'aime plus se faire bousculer, est devenue « *Play* », l'apologie d'une société qui aime remplacer le travail et l'effort par le jeu, où la vie en ce monde ne serait plus qu'un gigantesque terrain de loisirs permettant aux grands enfants que nous sommes redevenus de calmer leurs angoisses. Dans une époque vide d'idéologie, les marques ont comblé ce manque en apportant du sens et des valeurs au cœur de la société de consommation. Moins dangereuses que les sectes, car officielles et non coercitives, les marques reposent sur des systèmes de valeurs qui fonctionnent de façon cohérente et surtout constante. En cela elles proposent des repères stables et universels dans un monde en perpétuelle déstabilisation. Une marque a poussé jusqu'au bout cette logique, Playstation de Sony, proposant même à ses adeptes de mener une double vie, de se retrouver dans un monde parallèle, une société quasi secrète avec ses rites et ses symboles ésotériques en forme de triangle ou de carré.

Ces marques mondiales offrent à leurs adeptes de vastes espaces de maîtrise, des langages spécifiques « que je partage, que je comprends, que je m'approprie » pour devenir des codes et des référents collectifs.

La marque SFR porte dans sa communication l'idée qu'un monde qui parlerait « mobile » est un monde où l'on se « parlerait mieux ». En cherchant à convaincre des bienfaits et des avantages qui existent à s'adonner complètement aux technologies de la mobilité, SFR propose une interprétation rassurante de la modernité. Cette formidable source d'innovation qu'est la révolution numérique et mobile serait au service de l'homme et de la qualité des liens qui se tissent dans la société d'aujourd'hui.

En communiquant de la sorte, SFR calme les peurs engendrées par toutes les révolutions techniques qui ne constituent pas systématiquement un progrès pour l'individu. Le progrès n'existe que dans la mesure où l'innovation participe à l'amélioration de la vie. L'automobile ne fut une innovation majeure que par le rêve qui l'accompagnait. Ce progrès symbolisé par la célèbre chanson : *On est heureux Nationale 7*.

SFR est aujourd'hui la marque qui a su incarner aux yeux des individus un monde mobile plus humain et maîtrisé, ce qui lui vaut d'être préféré à son grand rival Orange, sur un marché où toutes les marques vendent le même produit, offrent les mêmes services, aux mêmes prix. Seule la marque diffère, et c'est elle qui fait la différence.

Mais, surtout, dans ce monde des « marques mondes », le pouvoir absolu est pour une fois du côté de l'individu. Il a le pouvoir d'élire ces marques par son acte de consommation ou tout simplement par son adhésion à la publicité. Il peut sanctionner à sa guise. Chaque acte de consommation est un véritable référendum où l'individu consommateur peut manifester son adhésion et sa fidélité ou bien au contraire exprimer sa déception si la marque n'a pas tenu ses engagements, ou, encore plus grave, si elle a trahi les valeurs qu'elle prône. Quand Danone, la marque qui a su au fil des années construire une image protectrice et incarner mieux que toute autre la figure de la mère nourricière, prodiguant autour d'elle le bon et le bien, a trahi ses valeurs, le jour où l'entreprise Danone a licencié brutalement ses propres enfants, ses « petits Lu », pour obéir à la seule logique du profit, le consommateur lui en a profondément voulu. Ce qui, pour toute autre multinationale, en serait resté à l'état d'indignation brutale a pris dans le cas de Danone des proportions émotionnelles considérables, allant même jusqu'aux menaces de boycott. La crise est passée, la vie de l'entreprise a repris son cours, mais jamais plus Danone ne s'est lancée dans une politique de licenciement boursier.

L'entreprise doit une partie de son succès aux valeurs que sa marque incarne. Cette image crée autant de devoirs qu'elle octroie de droits vis-à-vis des consommateurs. Pour l'avoir oublié, Danone a durablement entamé son capital affectif. La peur a changé de camp et dorénavant la marque craint l'ire de ses consommateurs. Les managers ont appris à craindre l'opinion. Le marketing donne du pouvoir aux consommateurs, ce qui leur permet d'exercer une influence sur les décisions économiques des entreprises.

Le rapport de force s'équilibre quand il est rappelé que derrière chaque salarié se cache un consommateur.

2

Nouvelles règles, nouvelles frontières

Pour répondre au besoin de maîtrise qu'exprime toute une société paniquée par les bouleversements sans précédent dont elle a été l'objet, il est urgent de rechercher puis de fixer de nouvelles règles du jeu, de tracer de nouvelles frontières claires pour tous, faciles à comprendre et à respecter. Des règles et des frontières qui impliquent de nouveaux droits et de nouveaux devoirs à *réédicter* de façon lisible, intangible. Aucun domaine de nos vies privées ou de la vie publique ne peut échapper à cet *aggiornamento* éthique si nous ne voulons pas que la société de la peur ne finisse par venir à bout de la cohésion sociale. Il y a mille ans de cela, pour émerger de la barbarie, la société médiévale s'est donné des règles. Règle monastique, code chevaleresque, chartes urbaines, amour courtois, autant de régulations des comportements que les hommes se sont imposées pour pouvoir continuer à vivre ensemble. Si nous voulons aujourd'hui sortir de ce que certains auteurs n'ont pas hésité à qualifier de *Nouveau Moyen Age*, nous devons, à notre tour, non pas revenir aux règles du passé, mais inventer les règles du futur.

La règle c'est, avant toute chose, le repère. Elle donne le sentiment que les choses ont un sens, que la société n'est pas un bateau ivre mais qu'elle a bien un gouvernail et un timonier. Dès lors qu'il y a règle et que cette règle est connue et reconnue, l'homme sort du chaos, la société s'ordonne puis s'apaise, elle peut à nouveau se développer harmonieusement. Lorsque Moïse veut libérer son peuple, il commence d'abord par lui donner une loi. Certes, les Dix Commandements lui viennent de Dieu, mais ils s'adressent à la société des Hommes. Le peuple élu est un peuple libre car il consent au Décalogue. La soumission à la loi commune est la condition de toute émancipation. C'était là le premier message biblique.

Pour que la règle s'impose à la collectivité, elle doit répondre à trois impératifs catégoriques. Il lui faut être claire pour pouvoir être reçue et comprise de tous. Si elle est trop complexe, elle court le risque d'être rejetée par une majorité. C'est le cas, encore une fois, du texte de la Constitution européenne que les Français ont rejetée lors du référendum du 29 mai dernier. Rédigée dans la langue technocratique de Bruxelles, elle est incompréhensible même pour un citoyen instruit, éclairé et europhile. C'est malheureusement tout le paradoxe de ce texte. Conçu pour donner de nouvelles règles à l'Union européenne, des règles saines et conformes à l'idéal démocratique commun, il a été rejeté pour cause d'inintelligibilité. Le citoyen n'accepte plus de voter – même pour l'Europe – en faisant acte de foi. Il veut comprendre. Toute règle qui ne se fait pas entendre est une règle en sursis.

La règle doit s'appliquer à tous sans distinction, c'est le deuxième impératif. Les sociétés qui exemptent une minorité du respect de la règle entrent dans un processus prérévolutionnaire. C'était vrai dans la France de 1789 comme dans l'URSS des années 1970-

1980. Le communisme s'est imposé et maintenu en Russie tant qu'il a imposé les mêmes règles à tous les Russes. La naissance puis le développement d'une nomenklatura à laquelle étaient réservés un statut et un mode de vie particuliers a largement contribué au délitement puis à l'affaissement de la société communiste. Quand le premier secrétaire du parti communiste mange dans la vaisselle de la Grande Catherine, c'est que les deux régimes se sont rejoints et qu'ils ne sont pas loin de se confondre. La règle s'applique à tous, ou alors elle relève de l'arbitraire et sera renversée.

Troisième et dernier impératif, la règle doit être acceptée par tous. C'est le consentement mutuel et raisonnable qui donne toute sa valeur au contrat social. Pour cela, il lui faut être juste et équitable. Elle peut être ferme dans son application, mais à la condition d'être juste dans sa conception. Quand un de ces trois impératifs n'est pas respecté, la société ne tarde pas à montrer des signes de faiblesse. Elle peut imploser, avec des conséquences dramatiques, ou se ressaisir en exigeant la mise en œuvre de nouvelles règles, le tracé de nouvelles frontières. En effet, chaque nouvelle règle a essentiellement pour but de dessiner des frontières là où elles se sont estompées jusqu'à devenir illisibles. La société de la peur naît aussi du mélange des genres et de la confusion des esprits. C'est la perméabilité des frontières qui génère l'angoisse, et le corps social réclame aujourd'hui le rétablissement de celles-ci sans lesquelles il n'existe pas de société ordonnée. Il faut rétablir les frontières qui distinguent les parents des enfants, les élèves des enseignants, les patrons des salariés et même, plus naturellement encore, celle qui sépare l'homme de la femme.

Les nouvelles frontières sexuelles

La mixité homme/femme est une des évolutions les plus visibles et les plus durables de Mai 1968. L'androgynie et la mixité scolaire des années 1970, l'arrivée massive des filles dans l'enseignement supérieur à partir des années 1980, la parité des années 1990 ont marqué la diffusion du discours féministe à tous les niveaux de la société française. Il est d'ailleurs régulièrement salué par les médias passés maîtres dans la célébration de leur propre idéologie. Pourtant, à y regarder d'un peu plus près, le bilan, bien que très largement positif, recèle quelques zones d'ombre. D'abord, les changements ont été plus lents en profondeur que l'air du temps le laisse entendre. Les salaires des femmes sont toujours plus faibles, à fonction et titre équivalents, que les salaires des hommes. La décote est même évaluée par les experts de l'Insee à 18 % pour l'année 2004. Par ailleurs, alors que la quasi-totalité des femmes travaille, elles continuent à pratiquer la double journée de travail – la première est professionnelle, la seconde domestique. En effet, alors que les fils des féministes militantes sont aujourd'hui mariés ou en couple, ils ne participent pas davantage que leurs aînés au partage des tâches ménagères. En 1986, les hommes, toujours selon l'Insee, assumaient 30 % des tâches domestiques. En 2000, ce chiffre était tombé à 20 %. La société a certainement changé dans la perception qu'elle a d'elle-même, mais la répartition sexuelle des fonctions reste fondée sur des représentations beaucoup plus anciennes. Pour autant, la frontière symbolique entre les sexes s'est considérablement brouillée. Les femmes ont remporté plusieurs grandes victoires politiques. Elles maîtrisent leur corps, ce dont les hommes ne peuvent pas se prévaloir car un homme ne peut plus refuser sa paternité alors qu'il est désormais admis que les femmes ont le droit absolu de refuser une maternité. Elles maîtrisent leur destin professionnel et familial au même titre que les hommes, même si nous avons vu que des disparités salariales demeurent. Elles maîtrisent le discours de la société car elles se sont emparées de ses valeurs. Les valeurs plus masculines comme la force, l'autorité, la hiérarchie sont en perte de vitesse pour privilégier la protection, la douceur ou la compréhension. Se demander si le bonheur et l'épanouissement sont au rendez-vous de l'émancipation féministe, c'est la question que l'on est en droit de se poser. La mixité, en abattant les frontières qui séparaient les sexes, a peut-être ouvert la voie à une société asexuée, une société floue qui attend, là encore, l'émergence de nouveaux contours. Le débat sur l'homoparentalité est de ce point de vue tout à fait exemplaire. Dans la mesure où les hommes et les femmes sont devenus – du moins en théorie – interchangeables dans leurs fonctions sociales, des partenaires d'un même sexe peuvent assumer les mêmes fonctions qu'un couple hétérosexuel. Il semble que la société accepte aujourd'hui parfaitement ce raisonnement alors qu'elle était beaucoup plus réticente il y a quelques années à peine. En effet, les opinions favorables au droit à l'adoption par des couples homosexuels sont passées de 29 % en 2000 à 40 % quatre ans plus tard. Cette évolution très significative de l'opinion laisse peut-être entendre que la frontière qui existait « naturellement » entre les hommes et les femmes s'est en fait déplacée. Ce n'est plus le sexe qui détermine la différence mais le mode de vie. D'un côté, tous les couples sans distinction de sexualité qui acceptent de se soumettre à une norme sociale, qu'il s'agisse du mariage, du concubinage ou du Pacs, et qui peuvent à ce titre prétendre élever des enfants, et de l'autre tous ceux qui assument leur nomadisme sexuel et refusent d'institutionnaliser une relation monogame. Ce déplacement de la frontière entre les sexes n'est pas neutre. L'effacement de toute différence sociale entre l'homme et la femme pose bien sûr la question essentielle, celle qui engage l'avenir de la société puisqu'elle décide à terme de sa fonction reproductive. En effet, sommes-nous en train de poser les bases institutionnelles d'une société a-reproductive ? La science tout comme le gisement inépuisable des enfants du tiers-monde nous en donnent les moyens. La société de la peur se construit aussi, il ne faut pas s'y tromper, sur de tels déplacements de valeurs. Là encore la société attend des règles claires et nettes.

Des règles plus strictes en politique

Pour que la règle soit acceptée et reconnue, elle doit aussi s'appliquer à ceux qui l'édictent ! Cette affirmation peut paraître évidente. Elle a longtemps été considérée comme incongrue. La classe politique formait une caste particulière qui répondait à ses propres règles et tolérait des pratiques qui n'auraient pas été acceptables dans d'autres milieux professionnels. Ainsi, pendant des décennies, la société a accepté de fermer les yeux sur la question du financement des partis politiques ou sur le cumul des mandats. Ces questions relevaient de l'arrière-boutique et de la simple intendance. Il ne pouvait en être décemment question quand sur le devant de la scène politique se jouaient l'avenir du pays, la paix ou la guerre, la victoire de la gauche ou la liberté de l'enseignement. Tant que les Français ont cru à une action déterminante des responsables politiques sur l'histoire de leur pays et sur le cours de leur destinée individuelle, ils ont accepté de fermer les yeux sur les divers « avantages » liés à l'exercice du pouvoir. Il n'était pas concevable de reprocher à des hommes auxquels le peuple avait délégué son pouvoir souverain de ne pas respecter la loi commune. D'une certaine façon, le pouvoir politique bénéficiait de la sacralité réservée à l'Histoire. La sortie de la crise coloniale, la construction d'une Europe unie, la réconciliation franco-allemande, le programme commun de la gauche étaient déjà suffisamment complexes pour ne pas exiger de ceux qui en assumaient la responsabilité qu'ils rendent compte de leur argent de poche.

Depuis que l'opinion publique ne reconnaît plus l'utilité de la classe politique, son attitude a changé. Faute de pouvoir présenter des résultats tangibles, les élus sont priés de rendre des comptes sur la façon dont ils appliquent la règle. La récente intrusion des affaires dans la vie politique et médiatique est bien sûr le signe du caractère insupportable de pratiques qui étaient alors ignorées ou « simplement » perçues comme contestables. La société de la peur est devenue intolérante à tout, aux petites comme aux grandes faiblesses. La moindre infraction à la règle est devenue parfaitement inacceptable, car elle renvoie l'opinion à l'état de dérégulation générale de la société.

La polémique sur l'appartement de fonction d'Hervé Gaymard est une parfaite indication du seuil d'« intolérance » de la société française. Légalement, l'ancien ministre des Finances n'a commis aucun délit. La location de son appartement était prise en charge par son ministère avec l'autorisation administrative de Matignon. Il n'est pas question ici de détournement de fonds, d'abus de bien social ou d'enrichissement personnel mais de la contradiction entre le discours et les actes d'un homme public. L'opinion publique n'a pas accepté qu'un homme qui demandait au pays de se « désintoxiquer de la dépense publique » puisse faire prendre en charge par la collectivité le loyer – jugé faramineux – d'un appartement luxueusement rénové. L'opinion n'attend plus des hommes politiques qu'ils fixent le sens de l'Histoire, ni même qu'ils changent la vie, mais elle exige, au moins, qu'ils soient cohérents avec leur discours. Pour ne pas l'avoir compris, Hervé Gaymard a durablement compromis son avenir politique. Cette mésaventure montre aussi que la société cherche à fixer de nouvelles frontières. Nouvelle frontière entre ce qui est acceptable et ce qui ne l'est pas. Nouvelle frontière entre le rôle que les élus se donnent et celui que les électeurs leur assignent. Ce sont les termes du contrat social lui-même qui sont désormais en question. Promettre ne suffit plus, il faut aux citoyens des engagements. Des engagements contractuels. Ainsi se dessinent peu à peu de nouveaux droits et de nouveaux devoirs pour une bonne gouvernance. Le citoyen n'acceptera plus de souscrire à un programme sans que les forces politiques qui le présentent affichent des objectifs clairs et prennent l'engagement d'en faire évaluer les résultats. Les Français, déçus par deux décennies de promesses non tenues et d'inefficacité politique, veulent pouvoir juger sur pièce. Ils savent que les chiffres parlent la langue de celui qui les aligne sur le papier, aussi ils exigeront, demain, une totale transparence des résultats. Pour cela, les responsables politiques, et plus largement tous les pouvoirs publics, doivent mettre au point des instruments de mesure efficaces et reconnus. Il faudra créer des indices adaptés à toutes les politiques entreprises. C'est parce que ces résultats en matière d'insécurité ont été mesurés, expertisés et quantifiés, le tout en place publique, que cette politique a pu être mise au crédit du gouvernement Raffarin. A l'heure des bilans, des résultats indiscutables feront bien mieux que de longues justifications télévisées. A l'inverse, des engagements différés ou des résultats discutables se paieront du prix de la défaite. En maniant la rhétorique des cent jours pour obtenir des résultats sur le front du chômage, Dominique de Villepin a pris un risque important. Pour lui, ce n'était peut-être qu'une formule. Pour les Français, c'est un engagement qu'ils ont pris très au sérieux.

De nouvelles frontières entre le temporel et le spirituel

Pendant des siècles, la religion s'est confondue avec la société française elle-même. L'Eglise prenait en charge des fonctions administratives, scolaires et sociales que la faiblesse de l'Etat ne lui permettait pas d'assumer. En échange de quoi la religion catholique s'imposait comme religion officielle et dominante. La frontière entre le temporel et le spirituel était parfaitement claire, elle n'existait pas ! La France fille aînée de l'Eglise avait reçu le baptême avec Clovis, l'unité religieuse du pays garantissait son unité politique. La France était née à l'Histoire en même temps qu'elle s'était convertie au catholicisme. Toucher à la religion catholique, c'était mettre la France en danger.

La nuit de la Saint-Barthélemy et la révocation de l'édit de Nantes ne s'expliquent pas autrement, et la violence d'Etat n'avait, alors, pas d'autre but que de restaurer l'unité religieuse, donc l'unité nationale, menacée par le protestantisme. La Révolution va briser violemment ce jeu de miroirs. La société politique peut exister indépendamment de la société religieuse. Un long siècle plus tard, la loi de 1905 fixe définitivement la séparation de l'Eglise et de l'Etat, et la laïcité est érigée au rang de dogme politique. La République reconnaît des droits aux religions, mais ne s'identifie à aucune d'elles. Là encore, la frontière est parfaitement claire, l'Etat administre la sphère publique, la religion relève de pratiques privées. La société française va vivre sur cette règle pendant près d'un siècle sans qu'elle soit remise en question.

La perte des repères qui caractérise la société de la peur a réouvert, paradoxalement, le débat sur la place de la religion et du religieux dans la société. C'est la prolifération des sectes, à partir des années 1970, qui a marqué le retour du religieux dans les préoccupations de l'opinion. Aujourd'hui, deux phénomènes émergents rendent plus difficilement lisibles la frontière entre la société civile et l'influence religieuse : le renouveau désordonné de la spiritualité et le communautarisme religieux. Dans une société en proie aux doutes les plus profonds sur l'utilité de l'individu et sa capacité à vivre harmonieusement avec les autres, il n'est pas étonnant que la spiritualité refasse une percée dans la société française. Face à certaines angoisses, la raison humaine ne peut pas tout et paraît bien impuissante à rassurer des esprits troublés. Mais le retour du questionnement spirituel est peu canalisé et ordonné, du fait de la faiblesse de l'organisation d'une Eglise catholique, peu préparée à un tel retour en grâce. Pas une semaine sans que nos magazines préférés ne titrent sur le retour de l'ésotérisme et l'avènement d'une nouvelle croyance, avec ses pratiques et ses rites originaux qui se succèdent au rythme des modes. Que Madonna découvre les joies de la Cabale et le monde entier arbore à son poignet un ridicule petit fil rouge, qui est peut-être, après tout, le fil rouge de l'existence ? Ces pratiques et croyances, au-delà d'offrir des réponses spirituelles partielles et plus souvent insuffisantes, permettent aussi la constitution de microcommunautés qui, elles, sont vécues comme de vraies solutions à la dérégulation de nos sociétés traditionnelles et à la dislocation du lien social. Peu à peu, la frontière tracée par la loi de 1905 s'estompe et la règle laïque s'applique avec de plus en plus de difficultés. Conçue, à l'origine, comme une machine de guerre dirigée contre l'Eglise catholique et son immense influence politique dans la France agricole d'avant 1914, la loi ne répond plus aux enjeux d'une société pluriculturelle et très largement déchristianisée. L'affaire du voile islamique a fait voler en éclats le consensus laïque qui prévalait jusque-là. Le débat ubuesque qui s'est alors installé pour décider de la différence entre signes religieux ostensibles et ostentatoires a montré les limites de l'exercice. Le recours à la loi, qui n'a fait que passionner le débat sans le clore, a surtout montré que la société française était désormais incapable de s'autoréguler en parvenant au consensus. Loin de fixer de nouvelles règles, claires et compréhensibles, le replâtrage hâtif d'une loi contemporaine du président Emile Loubet n'a fait que crisper les positions. Les Français sont bien conscients que l'interdiction du voile islamique dans l'enceinte scolaire ne fait que s'attaquer à un symptôme. En effet, comment d'un côté refuser de reconnaître la pratique religieuse à l'école et de l'autre financer publiquement le culte musulman pour empêcher qu'il puisse être « sponsorisé » par des puissances ou des organisations étrangères ? La polémique qui a éclaté en France après la mort de Jean-Paul II sur l'hommage officiel qui lui a été rendu par le gouvernement montre que la nouvelle question religieuse est loin d'être tranchée et que l'opinion attend que de nouvelles règles assignent au religieux la place qui doit être la sienne dans une société moderne. Le fait que la France ait été le seul pays au monde à développer une telle polémique montre à quel point la société française est aujourd'hui troublée. Là encore, seules de nouvelles règles pourront mettre un terme à une situation anxiogène qui frise parfois la paranoïa collective si l'on en croit l'immense succès du *Da Vinci Code* et de ses fantasmes historico-mystiques.

De nouvelles frontières pour l'Europe ?

L'Europe aurait dû incarner la meilleure des réponses à une vieille société saisie par le doute. L'Europe garantissait la paix et la prospérité à une France confrontée à une formidable période de mutation. Or il n'en est rien. L'espoir européen s'est retourné pour devenir une menace. Menace sur la particularité de nos modes de vie, menace sur l'emploi, dont la fameuse directive Bolkenstein est devenue le terrible symbole, menace sur l'identité même de l'Europe avec un élargissement qui dépasse largement, aux yeux des Français, les frontières historiques, culturelles et symboliques de leur continent. La question de la frontière est ici posée en termes purement géographiques. Comment défendre raisonnablement l'idée de l'Europe si les Européens eux-mêmes ne se reconnaissent plus dans l'union qui leur est proposée ?

Les directives européennes offrent l'exemple parfait d'une règle incompréhensible au point d'être rejetée. Le comble du paradoxe a été atteint par le rejet massif du projet de Constitution européenne. Un texte constitutionnel incarne la règle suprême, celle qui protège par ses principes les droits fondamentaux du citoyen et qui ordonne et coordonne le bon fonctionnement des institutions. Depuis plus de deux siècles, chaque fois que la France a traversé de graves crises sociales et politiques, elle a su sortir de l'impasse en adoptant une nouvelle Constitution. C'est dire si la règle constitutionnelle apaise et rassure. Dans le cas présent, il n'en est rien, le projet constitutionnel vient d'être confondu avec les abus auxquels il cherchait justement à mettre un terme. La Constitution européenne avait été conçue pour fixer les règles, assigner les responsabilités et rendre lisible la machinerie bruxelloise, or force est de constater que dans l'esprit du public elle a exactement incarné l'inverse. Faute d'avoir su s'adresser aux citoyens avant les commissaires européens et autres hauts technocrates, les rédacteurs de ce projet constitutionnel ont pris l'immense risque de voir le texte incompris donc rejeté. A l'inverse, en prenant le risque de dire non à la règle qui devait la protéger, la France atteint ici le paroxysme de la société de la peur : c'est la règle elle-même qui fait peur car elle est jugée insuffisamment protectrice. Il faut espérer qu'il n'en sera que le dernier spasme.

Refonder la règle économique

A l'époque de la prospérité et de la croissance continue, l'économie faisait figure de science exacte. Exprimée à l'aide de courbes, de taux, de barèmes et d'indices, elle se traduisait immanquablement pour les Français de l'âge d'or en augmentation de salaire, hausse de pouvoir d'achat et produits de consommation. L'économie devenait aussi familière que la météo. Elle pouvait avoir parfois le hoquet, on lui faisait toujours confiance. Aujourd'hui, non seulement l'économie n'est plus une science exacte, source de progrès et signe de modernité, mais elle est perçue, en France, comme le nouveau Léviathan. Signe de cette inquiétude, l'entreprise, principal rouage de la machine économique, a atteint en 2003-2004 des niveaux de crédibilité populaire dramatiquement bas. Désaffection et méfiance qui touchent les hommes – les dirigeants essentiellement – mais aussi les institutions. Ainsi, il existe désormais une contradiction majeure entre le rôle fondamental que jouent les entreprises dans la création de richesse et l'image extrêmement négative que l'opinion leur attribue. Une étude Ipsos réalisée en 2004 révèle que 38 % des Français ont une mauvaise image des entreprises et que ce chiffre monte à 50 % lorsqu'ils sont interrogés sur les *grandes* entreprises. La France est, vis-à-vis de son économie et de ses entreprises, dans une situation quasi névrotique. Les Français n'aiment pas le système capitaliste dans lequel ils vivent et qui les fait vivre. Ils ont le sentiment très enraciné, plus que partout en Europe, que ce système ne connaît ni la règle ni la loi. Les actionnaires apparaissent comme de nouveaux seigneurs lointains et absentéistes auxquels il faut payer la rente, et cela quoi qu'il en coûte aux salariés, à l'emploi et à l'entreprise elle-même.

Pourtant, l'entreprise française reste vertueuse, elle crée de l'emploi, acquitte l'impôt et les cotisations sociales, finance la formation professionnelle et parfois la vie culturelle. Aujourd'hui, les entrepreneurs développent même la notion d'entreprise éthique, et l'on ne compte plus les chartes et les engagements souscrits par des managers soucieux de redresser l'image de leur métier. Cela ne suffira pas car l'opinion attribue d'office toute initiative de ce type, même sincère, à de la simple communication. Alibi cherchant à dédouaner l'entreprise de ses comportements réels, cyniques et cupides, qui eux n'ont rien d'éthique aux yeux de l'opinion. Pour les Français, les entreprises disposent d'un droit terrible et absolu, celui de licencier. Un droit qui, dans l'inconscient collectif, équivaut au droit de tuer socialement. Ce droit exorbitant ne peut être accepté qu'à la condition d'être assorti de véritables devoirs. Les licenciements doivent être accompagnés d'indemnités, et surtout d'une aide à la requalification pour les personnels. C'est dans cet esprit que le PAR[1] avait été conçu. L'entreprise y gagnait en flexibilité, les salariés en possibilités. La règle a été acceptée parce qu'elle était claire, équilibrée et juste. Or le Medef est revenu sur cette règle. Ce revirement n'a pas contribué à revaloriser l'entreprise. Les patrons ne peuvent pas revendiquer de nouveaux droits pour entreprendre et s'affranchir de leurs devoirs. Une telle attitude renforce la

1. Plan d'Aide au Retour à l'emploi.

méfiance, affaiblit la règle, crédite la société de la peur.

Pourtant, il est urgent de rendre l'entreprise aimable et, là encore, de dessiner de nouvelles frontières entre les bonnes et les mauvaises pratiques, entre ce qui relève de l'entreprise et ce qui appartient à l'initiative publique. La communication externe des entreprises est aujourd'hui la grande victime des nouvelles lois du marché. La communication n'est plus destinée aux consommateurs, ou même plus largement à l'opinion publique, mais à des analystes financiers qui tiennent entre leurs mains le sort boursier de l'entreprise et qui se nourrissent essentiellement de mauvaises nouvelles – délocalisations, licenciements et autres fermetures d'usines. Dès lors, l'entreprise échappe à ceux qui la font vivre, elle n'est plus l'aventure collective des salariés, mais le jouet d'intérêts extérieurs. Cette reconquête de l'opinion passe par une incarnation. L'entreprise a souffert tout à la fois de l'anonymat de managers interchangeables et de l'abus de grands patrons surmédiatisés. Elle doit être identifiée par un visage, certes, mais aussi par une culture, des hommes et des femmes, et une règle commune. Les chefs d'entreprise doivent redevenir exemplaires. C'est la contrepartie de leur pouvoir. Il n'est plus possible que des patrons, dont le rôle légitime est de sanctionner, ne puissent pas à leur tour être sanctionnés. Comment expliquer à des salariés qu'ils peuvent tout perdre avec leur travail et dans le même temps tolérer que des patrons puissent s'enrichir en échouant ? Les rémunérations doivent être aussi transparentes que justifiées. Le retour de la confiance est à ce prix.

Mais ce n'est pas tout, il faut aussi refonder les règles du jeu entre les acteurs économiques eux-mêmes. Les syndicats doivent retrouver un rôle et une véritable représentativité, mais ils doivent accepter, en retour, des règles claires. La grève est un droit, c'est même un moyen d'action d'une redoutable efficacité, mais quelle est la valeur du geste quand toute négociation se termine par le paiement des jours de grève ? Là encore il est urgent de redéfinir les limites d'un dialogue social efficace.

A l'autre extrémité de l'échiquier économique, ce sont les règles des marchés financiers qui demandent une clarification. La pression boursière est devenue telle que le pouvoir dans l'entreprise échappe aux cadres dirigeants qui sont soumis aux intérêts des actionnaires et aux commentaires des analystes financiers. Des analystes qui, du haut de leurs vingt-cinq ans, dictent leur communication et parfois leurs décisions à des patrons de soixante. Il est temps là encore d'éclaircir les rôles, les pouvoirs et les responsabilités de chacun. Sans cela il n'est plus de légitimité pour aucune autorité.

Parfois, pourtant, la règle est intervenue à contre-emploi. En cherchant à tout prix à rassurer une société anxieuse, les pouvoirs publics ont tenté de réglementer un domaine qui se régulait pourtant naturellement, la relation commerciale entre producteurs et distributeurs. La loi Galland voulait protéger les petits producteurs en fixant des prix plancher, elle a surtout encouragé le *hard discount* et fait le succès des tickets Leclerc. Au final, le consommateur ne sait plus attribuer un prix aux choses et se voit parfois contraint de jouer les manutentionnaires dans des grandes surfaces qui ont supprimé emballage et conditionnement des produits pour réduire les coûts, tout en respectant la loi. Dans ce cas précis, la règle a totalement désorganisé une filière pourtant florissante. La société de la peur est perverse.

De nouvelles règles de consommation

Dans sa vie de consommateur, l'individu animé de la peur de se faire avoir demande aussi une clarification des règles du jeu. S'il est admis que l'innovation industrielle est indispensable pour justifier le renouvellement de l'acte d'achat et ainsi permettre à la machine de tourner, l'idée selon laquelle tout et n'importe quoi serait innovation se répand dangereusement : elle provoque la crispation et l'irritation du consommateur, lequel, de plus en plus blasé, se montre de plus en plus impitoyable envers les fausses innovations marketing.

Les échecs de ces produits censés révolutionner leur univers ne se comptent plus. Qu'il s'agisse de la CI de BMW, du Bebop de France Telecom ou de ce yoghourt qui ferait baisser les risques d'infarctus, tous ont fait des flops retentissants. Les consommateurs cherchent désormais à se prémunir des dépenses inutiles et des innovations qui ne servent qu'à faire augmenter les prix. Il faut revaloriser l'innovation vraie et s'interdire les innovations purement marketing qui n'apportent aucune valeur ajoutée à celui qui les achète.

Si tout est nouveau, alors rien ne l'est plus, et la machine à désir et donc à consommer se gripe inexorablement.

Une innovation se doit avant tout d'être utile, mais le beau, lui aussi, peut être utile. Il vaut souvent mieux innover par un nouveau design attractif que par une prétendue innovation technique ou industrielle qui ne convainc personne de son utilité. A la fin des années 1990, Apple est revenu de l'enfer. Au bord de la faillite, la marque s'est relancée grâce au design révolutionnaire de ses nouveaux iMac. Evoluant pourtant dans un univers hautement technologique, où les nouveautés techniques se succèdent à un rythme infernal, ce sont les couleurs et les formes de ces ordinateurs qui ont permis à Apple de reconquérir le cœur des consommateurs. Dans un univers informatique gris et triste, c'est l'innovation du design qui a apporté un vrai service au consommateur : celui de rendre leur quotidien professionnel un peu plus beau et un peu plus gai. Il en va de même pour les marques qui ont si souvent servi de cache-misère à des industriels alors qu'ils n'investissaient pas suffisamment dans leurs produits, leurs usines, ou tout bonnement dans leur communication.

La marque n'est pas une formule magique qui masquerait toutes les déficiences. Oui, une marque donne le droit de vendre plus cher si elle respecte ses obligations et apporte une réelle plus-value aux consommateurs.

Une marque doit créer un plaisir, de l'émotion, elle doit rendre l'acte de consommer plus intelligent, plus poétique, plus riche, plus intense, plus gai, en un mot plus jubilatoire.

Une marque, ce n'est pas simplement un nom sur un produit, c'est un monde, une idéologie, un langage, de la création de désir qui ne passe pas uniquement par la satisfaction du besoin.

La construction de marques fortes doit obéir à des règles précises, remplir des devoirs pour bénéficier des faveurs du consommateur.

Une marque doit innover techniquement, dans le service, dans le design ; forte, elle ne peut pas être durablement considérée comme une vache à lait.

Mais elle doit aussi s'attacher à construire un imaginaire solide, des univers d'évocation. Pour cela, elle doit raconter des histoires qui résonnent dans la tête et le cœur des consommateurs et non pas se limiter à asséner des arguments à coups de millions d'euros d'achats d'espaces publicitaires.

Les consommateurs dans ce cas appliquent à la lettre la formule de Prévert qui conseillait de laisser mourir ceux qui se tuent à vous le dire.

Les liens qui unissent les individus aux marques doivent nécessairement posséder une dimension affective prépondérante. Il ne peut être question que de vendre, de convaincre, mais il est indispensable pour une marque de tisser un lien émotionnel fort avec son public. Ce lien est le résultat d'une somme d'expériences qu'une personne aura vécues avec une marque.

Les expériences sont de toutes sortes, elles vont de la consommation du produit, de l'usage du service, aux quelques secondes passées devant un film de publicité ou un linéaire de supermarché. La marque Pepsi propose aux adolescents du monde entier de vivre des expériences de toutes sortes avec et grâce à la marque. Regarder un spot de publicité de soixante secondes où des sumotoris disputent un match de football endiablé contre les meilleurs joueurs de la planète, assister à un concert de Britney Spears dans des conditions exceptionnelles, rentrer dans une école de cricket en Inde, autant de bons moments passés avec la marque qui font de l'achat d'un soft drink autre chose qu'une affaire de goût et de prix. La puissance de ce lien dépendra essentiellement de la sensibilité, de l'empathie, de la bienveillance dont aura su faire preuve la marque envers ses publics.

Dans la consommation comme dans bien des domaines de la société, la règle de la réciprocité entre les droits et les devoirs s'applique. A ne pas vouloir la respecter, on prend le risque de voir les hard discounters se remplir et les industriels en souffrir. Je ne suis pas sûr que cela soit de nature à rassurer une société qui a peur de se paupériser un peu plus chaque jour.

3

Retrouver les raisons de croire

Le scepticisme général est la principale caractéristique d'une société dominée par ses peurs. Trente ans d'une crise économique endémique et de politiques impressionnistes ont eu raison de la confiance. Les fondements mêmes de la crédibilité sociale ont été sapés durablement. Leur restauration est devenue indispensable si l'on veut pouvoir changer la France.

Cette entreprise passe avant tout par un renforcement de nos valeurs républicaines. Elles seules garantissent le pacte social en assurant la sécurité des biens et des personnes ainsi que le droit à un minimum vital pour tous ceux qui, frappés par les accidents de la vie, ne sont plus en mesure d'assurer leur propre subsistance. Les valeurs de la République doivent, au-delà de ces garanties minimales, dessiner une façon de vivre ensemble multiculturelle, harmonieuse et pérenne.

Les Français doivent à nouveau croire dans leur système démocratique. Notre vie politique est devenue le lieu où l'on affiche les problèmes de la Nation soit pour les déplorer soit pour les décrier, selon que l'on se trouve dans la majorité ou dans l'opposition. Au contraire, elle doit devenir le lieu où les difficultés sont débattues, certes, mais aussi résolues. Si la politique ne reprend pas le chemin de l'efficacité et de l'action, elle ne retrouvera pas de sitôt la confiance des citoyens. Seule la réforme peut être opposée au fatalisme. Ainsi la réforme de l'assurance maladie est-elle fondatrice par le fait qu'elle refuse d'envisager comme inéluctable fatalité la déviance de nos comportements, et, par conséquent, la faillite de notre système de Sécurité sociale.

Il en est de même pour notre système économique. Critiqué à longueur de tribunes libres et commentaires, parfois par les managers eux-mêmes, le système capitaliste est pourtant la seule source de prospérité. Sans lui pas de redistribution possible, car, comme l'écrivait déjà Voltaire, « qui n'a rien n'a nul partage à faire ». Continuer à se défausser sur l'iniquité du marché est économiquement et donc socialement suicidaire. L'économie n'est pas un phénomène physique, elle est le produit de l'activité humaine. C'est l'accumulation de millions de gestes individuels qui fait le marché, l'économie ne relève pas de la puissance immanente. Il est temps de rappeler aux hommes et aux femmes qui consomment et qui travaillent qu'ils sont les premiers acteurs économiques. C'est pour cela qu'il est temps de redonner une crédibilité à l'entreprise. Les actionnaires participent, à leur niveau, au bon fonctionnement de l'économie, ils ne peuvent pas prétendre la détourner tout entière à leur seul profit. Il n'est pas inutile de rappeler que ce qui fait avant tout la valeur d'une entreprise c'est la conjugaison de la capacité d'anticipation d'un entrepreneur et de la force de travail de ses salariés. Cette rencontre de Smith et de Marx est peut-être inattendue mais elle résume parfaitement la réalité de l'entreprise. Le premier penseur du libéralisme a su, dès la fin du XVIIIe siècle, reconnaître le rôle fondamental de l'entrepreneur. Marx, un siècle plus tard, a rendu au travail sa plus-value. Il est peut-être temps, à l'aube du XXIe siècle, de réconcilier ces deux analyses économiques qui ne sont pas exclusives l'une de l'autre. Aussi les entrepreneurs doivent-ils reprendre l'initiative et apprendre à résister à la pression des comptes trimestriels. Une stratégie d'entreprise ne se conduit pas au trimestre, et ses facteurs de succès sur le moyen et le long terme ne sont pas nécessairement ceux des analystes financiers. Pour cela, l'entrepreneur, le chef d'entreprise, le manager doivent retrouver une dimension charismatique. Les salariés doivent se reconnaître dans une action et une volonté qui n'est pas celle du marché mais bien celle du dirigeant de l'entreprise. L'autorité est reconnue si elle est légitime, identifiée, et si elle émane de l'entreprise elle-même. Aujourd'hui, le pouvoir n'est plus dans l'entreprise et il a donc perdu en lisibilité et en crédibilité. Le capitalisme libéral doit prouver qu'il est non seulement capable de s'autoréguler, mais que sa première vocation reste la production de biens et de richesse pour le plus grand nombre.

Parmi tous les domaines de la société, c'est dans notre modèle social que les raisons d'espérer doivent être rapidement réinstaurées. La France a pu affronter toutes les tempêtes, puisant en elle courage et audace, parce qu'elle croyait dur comme fer dans la force et la pérennité de son modèle social. Ce modèle, qui garantit protection au plus grand nombre, dans un monde doux au fort et dur au faible. Cette spécificité française permettait à l'individu d'affronter la probabilité de l'échec dans un système qui fait de la prise de risque la condition de la réussite.

Ce modèle aujourd'hui est remis en question. Il est, en effet, autorisé de douter de la performance d'un modèle social qui ne permet pas à un Français sur trois en âge de travailler d'avoir un emploi pour nourrir dignement sa famille. Est-il nécessaire d'en changer ou est-il suffisant de l'adapter en profondeur aux nouvelles exigences économiques ? Quoi qu'il en soit, il est urgent de donner une réponse convaincante aux Français, loin des dogmes et des discours ronflants. Les Français ont besoin d'être rassurés sur l'humanité du système capitaliste actuel pour en accepter les règles, se prêter au jeu et sortir de l'impasse dans laquelle la peur de la modernité les a conduits.

Parmi tous les acteurs de la société qui ont un rôle à jouer dans le processus de rétablissement de la confiance, les marques ne sont pas dispensées de leur responsabilité. Elles peuvent donc – elles doivent – devenir des facteurs importants de confiance.

Tout d'abord en s'imposant un langage de vérité et de responsabilité sur les risques auxquels leurs activités les associent. Il est par exemple impossible aujourd'hui pour un acteur économique de l'agroalimentaire de ne pas engager sa marque sur le terrain de la nutrition ; il est tout aussi intenable de ne pas tenir un langage clair sur les risques, en termes d'obésité, que ses produits font encourir aux enfants et aux adolescents qui les consomment. Si les marques alimentaires ne prenaient pas conscience de cette nécessité, la confiance des

Français serait alors sérieusement entamée au risque de se diriger vers une société où l'alimentation serait traitée sur un même plan que la consommation d'alcool ou de tabac. Dans quel état de déprime serait la France si demain était inscrit sur nos paquets de biscuits « Manger tue ». Si les marques ne font pas preuve de responsabilité dans le domaine de la prévention des risques, les pouvoirs publics se saisiront du sujet au nom d'un principe de précaution. Ce principe, s'il protège peut-être les hommes politiques d'une éventuelle mise en cause, ne fait généralement que renforcer les peurs auxquelles il s'attaque.

Cette exigence de responsabilité des acteurs économiques s'applique bien évidemment davantage aux marques confrontées aux problèmes de société. Les compagnies d'assurances, les banques, les distributeurs ont un rôle à jouer, grandissant face aux enjeux lourds que sont le financement des retraites, la santé, ou bien encore la défense du pouvoir d'achat.

Les consommateurs en ont conscience. Ils ont besoin en retour d'être rassurés sur l'éthique, la probité et le sens de l'intérêt général d'entreprises qui, du fait de leur appartenance au monde libéral, sont soupçonnées de n'obéir qu'aux lois égoïstes du profit.

L'enseigne d'hypermarché Carrefour vit depuis quelques années une situation économique tendue sur le marché français. L'une des raisons principales de ces difficultés réside dans le sentiment qu'ont les Français que Carrefour obéit davantage à la loi du marché qu'elle n'est guidée par l'intérêt supérieur du consommateur. En cela Carrefour trahit sa mission originelle de discounter qui consiste à rendre accessibles au plus grand nombre des biens de nécessité courante. A l'opposé de Leclerc qui, fidèle à sa vocation consumériste, gagne des parts de marché, Carrefour est en proie à d'importantes déconvenues.

L'entreprise Auchan, société non cotée, est, elle, vécue par le consommateur comme une puissance économique et financière, certes, mais aussi comme une puissance bienveillante, soucieuse de l'être humain et respectueuse des intérêts de ses clients. Avec son slogan publicitaire « La vie, la vraie », sa fibre sociale et sa bourse interne, Auchan est la face claire d'une lune dont Carrefour serait la face sombre. Il est décidément bien difficile d'être aimé du peuple et des analystes financiers.

Mais, au-delà de secteurs économiques particuliers, les marques, par leur discours publicitaire, ont une influence sur la confiance des consommateurs et leur capacité à croire qu'il y a quelque chose de bon dans la société de consommation.

La publicité met en scène le consommateur, donne une représentation de la consommation, positive ou négative, mais jamais neutre. Elle est omniprésente dans notre quotidien ; en un sens, elle participe à l'instauration d'une humeur, d'un climat. Elle offre généralement une assez bonne photographie de l'état de notre société et de la psychologie ambiante. Très cynique et provocatrice dans les années 1980, et jusqu'en 1995, la publicité s'attache aujourd'hui à créer un climat plus rassurant et à donner une vision plus positive et enthousiaste de la société de consommation.

Le cynisme et la provocation sont un luxe de société bien portante. Alors que l'émotion, la gentillesse, l'humour sont des registres de nature à rassurer l'individu sur la société dans laquelle il vit. Ces valeurs projettent l'image d'un environnement protecteur et, au final, plus humain. En proposant des idéologies et des imaginaires positifs, les marques contribuent à redonner confiance à l'individu sur ce qui compte le plus pour lui, l'humanité de la société, la capacité qu'ont les hommes à vivre ensemble ici-bas.

Souvenez-vous de ce film pour les stations Total où le pompiste avait conservé soigneusement pendant plus de vingt ans un lapin en peluche abandonné par un enfant britannique, en vacances dans notre beau pays. « *It's my rabbit* », s'exclamait notre Anglais de retour chez Total et devenu vingt ans après un solide gaillard, digne de jouer troisième ligne centre dans le quinze de la Rose.

La publicité de Total véhicule depuis des années, film après film, un message très généreux d'attention aux autres, érigé en règle de comportement universel. Elle autorise le téléspectateur à penser que la consommation, au lieu d'asservir l'être humain et de réduire la société à un espace marchand, porte en elle une promesse de civilisation. C'est beau et c'est rassurant. Ne croyez pas que le consommateur soit dupe, ne lui faites pas l'injure de penser qu'il soit crédule au point de croire que de telles histoires se produisent dans la vraie vie. Mais la publicité n'a que faire du vrai, sa convention est celle du vraisemblable. « Et si c'était vrai ? », comme nous l'a asséné Marc Lévy dans son premier best-seller. « Et si c'était vrai » que la publicité des marques permet au consommateur de retrouver un peu de confiance et des raisons d'espérer dans la société de consommation d'aujourd'hui ?

La publicité fonctionne sur le modèle du « Si

c'était vrai ? ». Elle passe un contrat tacite avec les consommateurs qui permet d'assumer sans complexe le rôle des marques contre les tenants du *No logo*. Elle donne une valeur ajoutée émotionnelle à un acte, celui de consommer, qui ne serait sinon qu'une transaction banale et désenchantée.

Les marques ont une responsabilité importante. A elles revient le devoir de rendre la société de consommation plus intéressante à vivre, plus existante, plus rassurante, en substituant une logique de satisfaction de besoins à celle de création de liens.

Il y a plus de trente ans, Darty inventait ce qui fit sa fortune, « le contrat de confiance ». Il devait rassurer la ménagère sur l'achat de sa machine à laver. Aujourd'hui, toutes les marques doivent établir ce contrat de confiance pour parvenir à rassurer les consommateurs non plus uniquement sur la qualité de leur choix, mais sur la qualité de la société de consommation dans laquelle ils évoluent.

SIXIÈME PARTIE

VERS UN CHANGEMENT DE LA SOCIÉTÉ ?

Une fois les symptômes de la société de la peur diagnostiqués, il est toujours possible de vivre avec elle comme avec une maladie endémique. Un traitement de fond consisterait à comprendre cette aspiration centrale de la société française, à la maîtriser pour mieux y répondre. La posologie est maintenant connue, instaurer de nouvelles règles du jeu, claires, compréhensibles et justes, pour être acceptées de tous et par tous. Retrouver les vertus de l'action pour rendre aux Français la confiance qui leur fait défaut.

Cela étant dit, une autre question se pose. Est-il acceptable, à terme, que les Français continuent à vivre avec un modèle de société qui fait de la peur le principal moteur de l'action ou, plutôt, des réactions collectives ? Il faut être conscient que cette société conduit la France dans une impasse, car la peur, même endiguée par des traitements localisés, est une maladie grave qui peut emporter le malade. Les résultats du premier tour de l'élection présidentielle, le 21 avril 2002, et ceux du référendum du 29 mai montrent à quel point la peur altère la capacité de raisonnement de toute une société. Il est nécessaire de rappeler que le projet de Constitution européenne offrait enfin aux Français comme à l'ensemble des Européens les moyens institutionnels de reprendre en main leur destin trop longtemps confié aux bons soins d'une technostructure opaque et désincarnée. Or, en France, les électeurs ont refusé massivement cette opportunité au prétexte que l'Europe telle qu'elle a fonctionné jusque-là les a déçus et que l'établissement de l'euro a prouvé un fort sentiment d'appauvrissement collectif. Mais il suffit de mettre bout à bout les avantages que les Français ont retirés de la construction de l'Europe pour comprendre la profondeur du mal qui nous ronge. L'étendue des peurs sociales est telle aujourd'hui qu'elle obère la raison collective.

1

Le basculement a déjà commencé

Derrière le constat très pessimiste dressé au fil de cette étude, une conviction profonde se dessine : la France est capable de rebond. Non seulement son histoire le démontre – chaque fois que la France s'est vue perdue, elle a su renaître, mais des indices qui apparaissent, ici ou là, depuis quelques années, l'annoncent. En effet, au terme de cette minutieuse radioscopie de la société française, nous sommes quelques-uns à avoir la conviction que derrière la société de la peur une autre société se dessine et que les années à venir seront celles d'un basculement vers d'autres valeurs et d'autres comportements. Ces années seront aussi celles du sursaut qui permettra à la société française de sortir de l'impasse. En réalité, ce basculement a déjà commencé, les signes avant-coureurs sont là, il suffit de les reconnaître.

Sur plusieurs sujets qui ont fait débat ces dernières années, les Français ont montré une aptitude au changement plus affirmée. En effet, la politique de l'autruche qui a gouverné le pays trente ans durant et qui a forgé la société de la peur qui est la nôtre aujourd'hui n'est plus aussi plébiscitée qu'elle l'a été par l'opinion. Les Français seraient-ils désormais prêts à faire acte de lucidité ? C'est peut-être là une tendance émergente. Si un fait aussi nouveau venait à se confirmer, si les Français captaient en profondeur une réforme du droit du travail, c'est peut-être que la société de la peur serait sur la voie de la guérison. Notre pays serait alors dans la situation d'un grand déprimé qui décide un beau matin de se lever, de se laver et de prendre rendez-vous chez un médecin. Cette aptitude au changement se mesure dans l'accueil positif que les Français ont réservé à plusieurs grands chantiers réformateurs. Depuis bien longtemps, ils n'avaient pas été aussi attentifs au discours de la réforme. Trois exemples viennent à l'appui de cette intuition.

Longtemps, ce pays a considéré la mortalité routière avec un fatalisme coupable. Les pulsions de l'électeur-conducteur et le rayonnement de notre industrie automobile passaient bien avant la vie humaine. Pendant des années, les Français, si prompts à s'émouvoir de dangers souvent imaginaires, acceptaient de voir sacrifier chaque année sur les routes des dizaines de milliers de vies. Cette barbarie à visage quotidien était une caractéristique sinistre de notre pays, et aucun gouvernement ne s'était risqué à tenter autre chose qu'une politique d'accompagnement. Depuis deux ans, la politique volontaire du gouvernement a porté ses fruits, les chiffres de la mortalité routière se sont effondrés pour retrouver des seuils toujours inacceptables mais davantage conformes à la norme européenne. Certes, la mobilisation policière, la multiplication des radars-mouchards et la pluie de contraventions qui s'est abattue sur des Français tout étonnés de ne plus pouvoir les « faire sauter » expliquent en partie l'efficacité de cette politique, mais une telle modification des comportements ne peut pas être réduite à la peur du gendarme. Ce serait relativiser à l'excès ce qui apparaît bien comme une véritable prise de conscience collective, comme si les automobilistes avaient décidé de mettre un terme à cette tuerie moderne et à son cortège de souffrances et de malheurs. Sur les routes, en tout cas, les Français ont déjà secoué le joug de la société de la peur.

Sur un autre terrain, moins dramatique, mais essentiel au respect du contrat social, celui des retraites, les Français qui paraissaient inaccessibles au discours réformateur ont rapidement évolué. En 1995, le pays avait soutenu les grèves du service public pour manifester, par procuration, son refus catégorique de toute réforme du système des retraites. Dès 1990, Michel Rocard avait prévenu, son livre blanc sur les retraites révélait une situation suffisamment explosive pour venir à bout de tout gouvernement qui prétendrait sauver le système. En 2003, l'opinion a pourtant pris à contre-pied les responsables politiques. Ces derniers, persuadés qu'ils ne parviendraient jamais à imposer une réforme radicale, n'ont pas osé s'attaquer à l'injustice inouïe que représentent désormais les régimes spéciaux. La *fin* des retraites a été repoussée, elle n'est pas écartée. La réforme Fillon restera une demi-réforme, et les Français déçus la jugent comme telle car, contrairement à ce qu'imaginaient les analystes et les commentateurs, ils étaient prêts à accepter une politique bien plus radicale. Or, en ne réformant qu'à moitié, c'est le gouvernement qui a été la première victime de la société de la peur, et cette timidité politique ne lui a pas permis de saisir la modification des comportements à l'œuvre dans les profondeurs du pays. La réaction de celui-ci ne s'est pas fait attendre, conscient qu'il était que cette réforme en trompe-l'œil ne résoudrait pas fondamentalement la menace démographique qui pèse sur le paiement de leur retraite. Aussi, et c'est là encore un signe tangible du renouveau de la responsabilité, les Français ont pris eux-mêmes leur situation en main, c'est le formidable succès du PERP. Cette ouverture du système de retraite par répartition à la capitalisation permet en effet aux Français de s'assurer individuellement contre ses défaillances, car ce système montre des signes d'essoufflement. Pour la seule année 2004, la vente des PERP est passée de 600 000 au mois d'août à 1,5 million à la fin de l'année. Dans tous les sens du terme, les Français sont passés à l'action.

Une autre réforme, pourtant tout aussi risquée politiquement car elle touchait au domaine extrêmement sensible qu'est la santé, a reçu un accueil très positif. Il s'agit de la réforme de l'assurance maladie engagée par le gouvernement et considérée comme une nécessité par 84 % des Français interrogés. Ecrasante majorité qui montre là encore que la société laisse apparaître des signes encourageants de ressaisissement. Cette réforme de l'assurance maladie est d'autant plus révélatrice qu'elle a fait un pari risqué, celui d'une prise de conscience collective et d'un changement des comportements. C'était un choix d'autant plus courageux ou visionnaire que la société française démontrait depuis bientôt vingt ans un attachement féroce à ce qu'il était convenu d'appeler son « pouvoir d'achat médical ». Contraints dans leur consommation courante par la hausse des prix et des impôts, les assurés sociaux avaient pris l'habitude de compenser leur baisse de pouvoir d'achat par une surconsommation d'actes médicaux et de médicaments. Or les études les plus récentes montrent que les comportements changent. Les médicaments génériques, longtemps considérés avec mépris comme les médicaments du pauvre, voient leur prescription et leur consommation augmenter. Plusieurs millions de patients ont déjà choisi leur médecin traitant et renvoyé leur questionnaire, et 63 % des Français se sont déclarés favorables à cette démarche. Au ministère de la Santé, on note même un fléchissement du nombre d'arrêts maladie. Les certificats de complaisance, longtemps regardés comme une pratique acceptable, parfois même considérés comme une sorte de droit de tirage par les assurés sociaux, sont en train de perdre leur statut de RTT de secours pour devenir un acte incivique. La santé n'est plus une affaire individuelle mais un enjeu commun. Un large consensus se dégage pour considérer qu'un effort collectif est indispensable. Ainsi près de 93 % des personnes interrogées par Ipsos au mois de juin 2004 considéraient-elles « qu'il était normal que chacun fasse à l'avenir des efforts en matière de dépense de santé ». C'est une disposition d'esprit encourageante.

Et si ces 55 % du non à la Constitution européenne n'étaient rien d'autre que le premier signe d'une volonté de basculement ? Certes il y a eu méprise. Il serait facile, pour ne pas dire convenu, de lire dans ces sondages pessimistes un retour en force de la société de la peur. Mais ne nous trompons pas. La campagne s'est jouée sur un seul thème, celui du changement. Parce que le non incarnait une possibilité de changer les choses, voire un espoir quasi révolutionnaire de les renverser, il a conquis les indécis. Ainsi le oui était-il perçu comme le oui du statu quo alors que le non, lui, était entendu comme le non du changement. A un moment de la campagne, le oui a refait une percée et est redevenu majoritaire dans les intentions de vote. Le changement était alors passé du côté du oui. Les électeurs commençaient à comprendre que le oui pouvait changer l'Europe. Dans une société normale, cette prise de conscience devait sauver le projet constitutionnel, elle lui a été fatale. Car le changement incarné par les partisans du oui avait des allures de déjà vu et de vieilles promesses maintes fois entendues. Entre deux voies de changement possibles, les Français ont choisi celle offerte par le non. Il n'est pas possible de considérer autrement l'étonnante énergie positive qui se dégageait des meetings organisés par les partisans du non. A des changements auxquels ils ne croyaient pas, les électeurs ont dit qu'ils préféraient un changement profond, un changement de modèle, un changement de régime en France.

Persuadés que des Français, tenaillés par la peur du lendemain, allaient souscrire les yeux fermés à une Constitution européenne qui, de fait, les protège, la majorité de la classe politique n'a pas vu que, à l'inverse, les Français étaient en train de changer et qu'ils étaient prêts à secouer cette léthargie inquiète qui les paralyse depuis tant d'années.

Comme pour la réforme des retraites mais avec des conséquences plus graves encore, les élites politiques et médiatiques de ce pays n'ont pas perçu les signes avant-coureurs du basculement psychologique qui se prépare. Lorsque, très récemment, le gouvernement a proposé pour une partie des entreprises d'instaurer un nouveau contrat de travail prévoyant une période d'essai de deux ans, le tollé général était annoncé. Il n'a pas eu lieu. Malgré la montée au créneau légitime de la gauche, criant à la progression apocalyptique de la précarité des travailleurs, l'opinion publique semble davantage disposée à accepter la mesure que le Conseil d'Etat. Par renoncement diront certains, par lucidité penseront d'autres dont je fais partie. La culture de la peur est peut-être en train de laisser la place à une culture de l'action. Une culture de l'action qui s'apparente à une nouvelle aptitude au changement. Comme si, face à la peur, les Français avaient compris qu'il n'y avait pas plus grand danger que de reculer devant la menace. Les toreros le savent bien : face à un taureau dangereux et assassin, le pas qui sauve est celui que l'on fait en avant, jamais le pas en arrière qui nous expose encore plus.

2

Vers une société des morales ?

Ces quelques exemples récents montrent que la société française longtemps crispée, pour ne pas dire figée, par une angoisse dominante est peut-être en train d'évoluer. Peu à peu de nouvelles valeurs émergent. Ces valeurs, ou plus exactement ces morales, sont autant de nouveaux leviers qui pourraient permettre aux Français d'échapper à la société de la peur pour construire une nouvelle société, une société des morales. Comme si la France se donnait de nouvelles valeurs pour se donner le moral. Il va sans dire que ce phénomène ne peut se réduire à un retour à l'ordre moral. Il s'agit pour la société française de se doter de nouvelles règles de conduite adaptées à ce qu'il convient bien de désigner comme la postmodernité. Loin d'opposer l'ordre au désordre, il est question de faire face à la dérégulation du monde par l'avènement d'un nouveau code comportemental. Il n'est donc pas question de dire le bien et le mal mais de distinguer ce qui est bien de ce qui est mal pour en finir avec un relativisme qui efface les frontières et fragilise les règles. Il ne s'agit pas non plus de rétablir des interdits mais de pratiquer l'exemplarité et de placer l'éthique au cœur des pratiques. Sans ce ressaisissement, la société court à sa perte, et elle le sait

La peur continuera son lent mais efficace travail de sape et, comme une falaise creusée par les vagues, notre société pourrait bien s'effriter irrémédiablement par pans entiers.

Au fond, les Français ont aujourd'hui soif de rédemption. Ils veulent avoir la possibilité de se racheter, ou plus exactement, et pour utiliser une terminologie moins chrétienne, de se réhabiliter à leurs propres yeux. Ce souci de réhabilitation passe nécessairement par une culture de la deuxième chance. La société de la peur a prospéré sur une tradition très française, celle du couperet. Que celui-ci tombe, et votre sort est irrémédiablement scellé sans espoir de retour. Cette culture socialement et psychologiquement dévastatrice est inculquée dès la plus tendre enfance. Société cloisonnée, société de castes républicaines même, la France fait le tri de ses élites dès l'âge de dix-huit ans. Ainsi, situation inconcevable chez tous nos voisins européens, l'école, ou plus exactement les grandes écoles, assignent aux uns et aux autres leurs fonctions et leurs places dans la société à un âge où les personnalités n'ont pas encore été forgées par l'expérience de la vie. Ce jugement est sans appel. Il y a d'un côté les appelés, ils sont nombreux, et de l'autre les élus, ils sont beaucoup plus rares. Mieux vaut être du bon côté de la barrière ce jour-là, car en France votre vie se joue souvent sur un coup de dés. Signe, néanmoins, d'un changement des pratiques et des mentalités, l'initiative de Richard Descoings à l'Institut d'études politiques de Paris. En ouvrant les portes de la rue Saint-Guillaume – jusque-là réservées aux enfants de la grande bourgeoisie parisienne qui assistent aux cours en voisins – à des élèves des banlieues défavorisées, le directeur de Sciences-Po a véritablement inventé une politique de rééquilibrage des chances. Contrairement au troisième concours de recrutement de l'Ena créé par la gauche en 1981 et qui s'ouvrait aux fonctionnaires blanchis sous le harnais, la réforme Descoings ne crée pas un Sciences-Po du pauvre. Au contraire, cette innovation est une réponse véritablement morale aux blocages de notre société car il n'est pas question ici d'assistanat mais bien de mérite. Les étudiants sélectionnés par les lycées des zones d'éducation prioritaires de la région parisienne sont acceptés en première année sur leur dossier scolaire et non sur concours. En revanche, ils doivent, l'année suivante, affronter le redoutable examen de deuxième année tout comme leurs camarades. Si ces élèves sont dispensés du concours de première année c'est parce que ce concours, souvent préparé à prix d'or dans des établissements privés, n'est qu'une photocopieuse sociale chargée d'assurer la reproduction des élites. Pour l'affronter, il faut non seulement avoir pratiqué ses codes et son langage depuis l'enfance, mais encore en connaître l'existence. Or la rue Saint-Guillaume n'appartient pas à la géographie sociale des élèves du lycée Pablo-Neruda de Bobigny. Dans le cadre normal de notre école, qui n'a plus de républicaine que le nom, ces élèves n'auraient jamais présenté le concours de Sciences-Po, pour la bonne et simple raison qu'ils n'en auraient pas eu l'idée. La réforme Descoings leur offre une deuxième chance sociale. A eux de la saisir et de transformer leur vie. En la transformant, ils changeront aussi la société.

Car, jusque-là, l'exclusion dans notre pays est irrémédiable. Que vous soyez recalé à un concours à vingt ans ou que vous perdiez votre job à cinquante, il n'y a pas de repêchage. Là est peut-être le principal moteur de cette société de la peur qui est depuis trop longtemps la nôtre. C'est là aussi notre très grande différence avec le modèle sociétal américain et anglo-saxon en général. Ces sociétés sont certes beaucoup plus religieuses que la nôtre, mais elles ne considèrent jamais que l'avenir d'un individu est définitivement obéré par ses origines ou les ratés d'un parcours. Quelle que soit la réalité de la volonté divine, chaque homme doit se comporter comme s'il était un élu. Il n'est qu'à regarder le cinéma américain pour s'en convaincre. Pas un film sorti des studios de Hollywood qui ne soit la mise en scène d'une rédemption. Un nouveau départ est toujours possible. Ainsi, perdre son emploi en France est vécu comme un drame personnel terrible bien qu'aucun pays au monde ne prenne aussi complètement en charge les chômeurs. Aux Etats-Unis et en Angleterre, alors que ces pays très libéraux sont loin de disposer de régimes indemnitaires aussi protecteurs que le nôtre, la perte d'emploi est totalement dédramatisée. Un emploi perdu, c'est plusieurs emplois qui s'offrent, et chaque fois une possibilité de changer de vie. Nos sociétés latines beaucoup plus marquées par la faute originelle et la culpabilité, au point d'avoir donné naissance à une véritable culture de la transgression, ont trop longtemps cultivé le fatalisme. Ce fatalisme confronté à une crise économique réelle a provoqué une véritable crise de confiance. La société des morales est peut-être la dernière issue possible pour restaurer en France une société de confiance. Elle est portée par l'inéluctable acculturation de notre société par les codes de valeur de la morale protestante. Après cinquante ans d'un déferlement musical et cinématographique ininterrompu des cultures anglo-saxonnes, la France, vieille terre de tradition catholique, a basculé du côté de Calvin. Ce que les guerres de Religion n'avaient pas réussi à emporter, les séries américaines l'ont fait. La culpabilité, le goût du secret, la sexualisation de la morale qui marquaient profondément nos mentalités sont en train de disparaître au profit d'une morale d'inspiration protestante. Telle qu'elle se dessine, cette société des morales devrait être fortement marquée par une revalorisation de l'effort et de l'autorité contrebalancée par une demande d'humanité et de tolérance, mais la révolution comportementale qui s'annonce ne sera pas complète sans l'émergence d'un nouveau sens du collectif. Le repli individuel et identitaire est un sous-produit de la société de la peur ; seule une dynamique collective peut définitivement faire naître la société des morales.

La morale de l'effort

En 1968, un slogan s'étalait en énormes lettres rouges sur les murs du métro : « Dépêche-toi, connard, ton patron t'attend. » Les foules pressées qui défilaient devant cette phrase ne pouvaient pas s'empêcher, alors, de marquer le pas. Le travail, valeur phare des années de la reconstruction du pays, était désormais assimilé à l'exploitation, à l'aliénation même. L'oisiveté, valeur contre-révolutionnaire et antirépublicaine, devient une valeur positive, mise en scène par les mouvements hippies et communautaires des années 1970. La crise et son cortège de plans sociaux ont relativisé la notion de travail. Les formidables gains boursiers des années 1980, puis 1990, quant à eux, ont totalement décrédibilisé le travail et son salaire comme source de revenu. En 1997, Lionel Jospin fait du « temps libre » un slogan de campagne. Arrivé au pouvoir, il institutionnalise les RTT. La France prend le chemin du week-end dès le jeudi soir. L'oisiveté est alors absolument déculpabilisée, car non seulement elle est inscrite dans la loi, mais en plus elle est censée créer de l'emploi.

Aujourd'hui, à l'inverse, une revalorisation du travail est perceptible dans toute la société. Le travail est à nouveau vécu comme une valeur essentielle à la construction de soi. Le sens de l'effort longtemps jugé réactionnaire fait un retour en force chez les plus jeunes. Ainsi, les 35 heures longtemps plébiscitées par les 15-30 ans sont de plus en plus critiquées par cette tranche d'âge. Les opinions favorables aux 35 heures ont baissé, chez eux, de plus de 5 % en moins d'un an selon Ipsos. Toujours selon Ipsos, 49 % des Français se disent souvent heureux à leur travail et ils ne sont que 9 % à ne l'être jamais. Peu à peu, la société se réorganise autour du travail. L'assistanat n'est plus accepté comme un état de fait, et certains proposent même de réserver les prestations sociales à ceux qui ont une occupation. Si on ne peut pas être tenu responsable d'être sans emploi durant une période de sa vie, il est toujours possible à travers une occupation même non rémunérée d'être utile à la société. Réserver une part importante de l'effort de solidarité à celui ou à celle qui a sa part d'utilité est une idée qui progresse dans la société des morales.

Avec le travail, les notions de risque et d'effort, longtemps ringardisées, refont surface. C'est là une des explications du succès de l'enseignement privé, le seul aujourd'hui à valoriser ouvertement l'effort, et pas simplement dans le cadre du travail scolaire mais dans tout l'environnement de l'élève. Dans un autre registre, le succès que le rugby, sport longtemps confidentiel en France, rencontre aujourd'hui auprès d'un public de plus en plus jeune est un autre révélateur de ce changement des mentalités. L'esprit d'équipe, l'obstination dans l'effort et l'authenticité du rugby contrastent en effet avec le star system et le cynisme du foot.

Travail, effort, ambition, autant de mots et de valeurs qui sortent aujourd'hui d'un long purgatoire, comme si la société française, après trente ans d'un fatalisme nihiliste, avait décidé de se retrousser les manches pour agir.

La morale du respect et de l'autorité

Après des années d'une remise en cause quasi institutionnelle des élites, des pouvoirs et de l'autorité en général, la société française est aujourd'hui à la recherche de nouvelles formes d'autorité qui assument leur pouvoir et refondent en permanence leur légitimité. Il n'est pas question, en effet, de revenir à la rigidité et à l'autoritarisme qui prévalaient autrefois dans un pays à l'organisation sociale très militarisée, et cela depuis le premier Empire.

L'autorité, principale victime des bouleversements de Mai 68, est de nouveau à l'ordre du jour. Il n'est pas jusqu'au parti socialiste, pourtant dirigé par d'anciens acteurs du mouvement de Mai, qui, au nom du devoir d'inventaire, bouscule le vieux mythe libertaire du joli mois de mai. L'effondrement de l'autorité parentale, et plus particulièrement de l'autorité paternelle, l'effacement du respect dû aux enseignants dans les écoles ont aujourd'hui un prix, celui de la délinquance, et plus largement de l'incivilité. Même les partisans d'une société libertaire conviennent qu'aucune société ne peut maintenir sa cohésion sans le respect de quelques règles élémentaires. La vie collective est à ce prix. En quelques décennies, le lent travail de civilisation à l'œuvre depuis le Moyen Age et qui n'avait pas d'autre but que de borner le champ de nos pulsions a formidablement régressé. Les règles de civilité élémentaires ne sont plus respectées, l'autorité nécessaire à l'ordre social a été battue en brèche. La société, consciente du danger, évolue. Il n'est plus interdit d'interdire, et une nouvelle parole d'autorité est en train de sonner le glas de l'héritage de Mai 68, société *antimorale* par excellence. Cette dégradation de la relation sociale est perçue avec beaucoup d'acuité par l'opinion, et là encore les catégories les plus jeunes ne sont pas les dernières à le dénoncer. Ainsi, en 2004, 93 % des 15-30 ans considéraient qu'il était important que les parents fassent preuve d'autorité avec leurs enfants, et, dans le cadre de la même enquête Ipsos, 83 % des jeunes interrogés estiment que les gens manquent de savoir-vivre. Il n'est plus interdit d'interdire.

L'autorité est donc reconnue et acceptée dans son principe mais elle ne peut plus s'exercer selon les modalités d'hier. Elle ne sera acceptée que si elle est légitime. Elle sera la récompense d'une morale, pas l'apanage d'une fonction, d'un grade ou d'un titre. C'est ce que les dirigeants du groupe Auchan ont compris lorsque, il y a de cela quelques années, pour faire face aux problèmes de sécurité dans leurs hypermarchés des quartiers sensibles, ils ont pris la décision de recruter et de former « les grands frères » des petits délinquants pour assurer la protection de leurs établissements. Les vols et les agressions ont immédiatement chuté. Aux yeux des jeunes de la cité, au Havre en particulier où cette expérience fut conduite de façon exemplaire, la sécurité était en effet assurée par des hommes respectés et légitimes.

Par ailleurs, tous ceux qui seront en position de détenir une parcelle d'autorité devront donc la gagner avant même de pouvoir en user. En revanche, attention à celui qui, détenteur de cette autorité légitime, se montrerait incapable d'en user. François Hollande pourrait bien être, à son corps défendant, la première victime de cette nouvelle conception de l'autorité. Hier, son attitude conciliante à l'égard de Laurent Fabius et des partisans du non au référendum aurait été saluée par l'opinion comme un témoignage d'ouverture et de tolérance. Aujourd'hui, ce refus d'exercer une autorité légitime est non seulement perçu comme un signe d'indécision et de faiblesse, mais comme une trahison du vote des militants socialistes. Les condamnations a posteriori n'y feront rien.

Ainsi, demain, ces nouvelles formes d'autorité ne pourront s'exercer que dans l'exemplarité, et l'exemplarité ne s'obtient, elle, que dans le respect. Ce respect mutuel et réciproque assimilé un peu rapidement à une éducation un peu désuète, voire à de la soumission, est indispensable à un renouveau de la vie collective. Respect qui devra savoir être réciproque. Il ne peut plus se limiter à une marque de déférence vis-à-vis d'un supérieur ou d'une autorité publique. Impossible d'exiger demain d'un jeune Beur de banlieue qu'il respecte policiers, enseignants ou magistrats s'il n'est pas lui-même respecté. Il n'est pas innocent que le premier mot que prononcent aujourd'hui les gamins des cités lorsqu'ils sont interpellés par des policiers, même pour une simple vérification d'identité, est « respect ». Le mépris disqualifiera immédiatement toute autorité.

Une morale de l'humanité

Jamais, peut-être, la société française n'a été aussi intolérante à l'injustice. Le fatalisme des années fric et des années grises qui acceptait que l'époque soit dure aux faibles a fait place à une revendication de justice, d'humanité et de considération.

La société française a mûri, elle sait faire la distinction entre justice et égalitarisme. La confusion a été très longtemps entretenue par une gauche française qui puisait son inspiration aux sources du Comité de salut public de 1793 et de la révolution bolchevique de 1917. Confusion qui a même bien fonctionné. Et la vie politique française sera durablement marquée par cette atmosphère de guerre civile dans laquelle elle baignait encore au moment de la présidentielle de 1981. Aussi obsolète soit-il, le slogan « guerre aux châteaux, paix aux chaumières » faisait toujours florès. Ces temps sont révolus et l'opinion ne réclame plus l'égalité mais l'équité. L'égalité, ou plus exactement sa déformation politique, c'est-à-dire l'égalitarisme, consistait à abolir les différences. A l'inverse, l'équité conçoit la coexistence, à l'intérieur d'une même société, de différences de fortune ou de niveaux de vie, mais à condition que ces différences soient collectivement admises. Comme pour l'autorité, les différences sociales seront acceptables si elles sont fondées, justifiées et méritées. Aujourd'hui, le salaire d'un joueur de foot ne choque plus. Ces sommes pourtant mirobolantes sont justifiées par le plaisir que les joueurs offrent à leur public et par l'argent que ces mêmes joueurs rapportent à leurs clubs et à leurs pays sous la forme de droits télévisés ou de produits dérivés. En revanche, personne ne peut plus accepter que des hommes et des femmes qui travaillent soient à peine mieux rémunérés que les bénéficiaires de prestations sociales. Personne ne peut plus accepter qu'une infirmière gagne trois fois moins d'argent qu'un huissier de l'Assemblée nationale ou qu'un trader soit dix fois mieux payé à trente ans qu'un professeur d'économie à l'Université à soixante.

Désormais, c'est le mérite qui s'impose comme la nouvelle toise sociale. Une société des morales, une société morale, est avant tout une société du mérite. Là où les profits d'une entreprise comme Total sont perçus comme injustes, l'entreprise ne faisant que bénéficier de la hausse des prix du pétrole, les bénéfices de Renault ou d'EADS ne sont absolument pas contestés. Ils représentent simplement le fruit du génie humain, de l'effort technologique et des risques stratégiques d'une entreprise. Non seulement la société est prête à reconnaître le mérite, mais elle exige désormais qu'il s'accompagne de la réussite. Le seul moyen de parvenir à débloquer une société cloisonnée par la peur, c'est de remettre en marche l'ascenseur social. Ainsi, le développement des associations de bénévoles qui acceptent de donner de leur temps pour faire de l'alphabétisation et de la formation auprès des populations exclues du système scolaire peut être interprété comme l'un des signes de cette prise de conscience.

Une morale de la tolérance

Tenté par le repli identitaire et la crispation communautaire, la société aspire maintenant à une nouvelle tolérance, à un nouveau rapport à l'autre, qu'il soit religieux – l'islam –, culturel, social ou sexuel. Une volonté d'affronter les problèmes que pose l'altérité est à l'œuvre dans les esprits. Pour cela, les Français, après des années de *conflictualisation* de l'Histoire, semblent prêts à refonder le lien social sans se tourner sans cesse vers le passé.

Cette nouvelle tolérance est évidente dans le domaine de la vie privée où le mariage homosexuel et l'homoparentalité, impensables il y a encore dix ans, forment aujourd'hui un fait social quasiment acquis. Il en est de même, sur un tout autre terrain, pour l'acceptation, par les jeunes, de l'adhésion de la Turquie à l'Europe. Ce qui fait polémique pour la France vieillissante s'impose comme une évidence à la jeunesse. C'est à cette génération des 18-25 ans que nous devons l'émergence d'une nouvelle société.

La société de la peur induisait des réactions de rejet et d'exclusion que résumait parfaitement le slogan frontiste, « je préfère ma famille à mes amis, mes amis à mes voisins, mes voisins à mes concitoyens, mes concitoyens aux étrangers ». Cette société frileuse, haineuse même, refusait par-dessus tout la différence qui dérange, l'altérité qui effraie. Tout ce qui n'est pas moi ou qui ne me ressemble pas est lourd de menace, d'inquiétude. Société égoïste par excellence, qui jamais peut-être n'a poussé aussi loin l'individualisme, la société de la peur sécrétait son propre poison. Le conflit, l'agression, la violence sociale ne sont jamais loin dans la mesure où personne n'accepte que l'autre s'avance sur son territoire. A l'inverse, la société des morales qui se profile à l'horizon des dix ou vingt prochaines années est une société qui ne refuse plus la différence et qui, au contraire, assimile l'altérité pour mieux s'en nourrir. Peu à peu, de nouveaux codes de comportement se dessinent et s'imposent. Du chacun pour soi, la société évolue vers une nouvelle expérimentation du collectif. Les débordements qui ont entaché les manifestations lycéennes contre la réforme Fillon offrent un parfait instantané de l'évolution en cours. D'un côté, des lycéens soucieux d'une action collective mais festive : l'émergence de la société des morales. De l'autre, des casseurs englués dans une culture du rejet dont ils sont les premières victimes : la permanence de la société de la peur. Nous sommes au point d'équilibre, dans un de ces rares moments où toute une société peut basculer, changer de culture et s'apprêter à écrire une nouvelle page de l'histoire des comportements. Hier, le divorce ne se concevait pas sans conflit. Pour se séparer, un homme et une femme qui s'étaient aimés devaient se déchirer voire détruire ce qu'ils avaient construit ensemble, et au premier chef leurs enfants. L'individualisme reprenant ses droits absolus, chacun défendait son intérêt sans se soucier des immenses dommages, familiaux, psychologiques et même matériels qu'une telle attitude pouvait provoquer. Pour l'avoir éprouvé dans ma vie personnelle, les traumatismes nés du divorce proviennent rarement de la séparation en elle-même, mais de la mésentente qu'elle provoque entre les parents. Mon fils ne m'a jamais reproché de m'être séparé de sa mère, mais souvent il m'a fait le grief de ne pas avoir su, pour lui, maintenir une relation pacifiée avec elle.

Aujourd'hui, et la demande provenait de la société elle-même, la loi a pacifié le divorce. Un homme et une femme peuvent se séparer sans détruire l'essentiel et par consentement mutuel. Il arrive même de plus en plus, le phénomène n'est pas aussi marginal qu'il peut y paraître, que des couples divorcés se remarient. Comme si, une fois payé le lourd tribu au culte du moi, les hommes et les femmes retrouvaient la valeur des intérêts partagés.

La gentillesse, la prévenance et l'attention aux autres, autant de signes de faiblesse il y a dix ans, retrouvent dans toutes les études d'opinion récentes une connotation positive. Positive parce que rassurante. L'agressivité sociale a atteint des niveaux intolérables. Trop longtemps, la pensée dominante a voulu que l'enfer ce soit les autres. Il est temps de comprendre que les autres peuvent aussi être source de bonheur, d'émotion et de satisfaction. C'est tout le sens d'une campagne de communication comme celle du Club Méditerranée.

Marque archétypale des vacances en village, le Club s'est défendu pendant des années des méfaits supposés de sa formule. Vivre un moment de l'année dans une zone délimitée et fermée avec d'autres, des étrangers, générait des angoisses fortes au sein même de la clientèle du Club. La communication d'alors s'évertuait à les convaincre que cette promiscuité n'allait pas forcément à l'encontre des désirs de l'individu moderne. Même au Club, on pouvait se replier sur soi et sur sa famille. C'était le règne de la table de deux. Dans sa nouvelle communication, le Club a complètement changé son fusil d'épaule pour faire de l'« être ensemble » la principale motivation pour venir au Club Med passer ses vacances. Et si, au Club Med, le bonheur c'était les *autres* ? Et si le secret des vacances réussies aujourd'hui résidait dans les rencontres que l'on peut faire ? Et si la plus belle destination c'était l'humain ? Cet inconnu magnifique vivant à l'autre bout du monde ou au coin de ma rue, avec qui je n'aurais jamais parlé dans le cours normal de mon existence, ou tout simplement ma femme ou mes grands enfants que je redécouvre tels qu'ils sont vraiment le temps d'une semaine pas comme les autres.

Dans un monde où l'autre est une menace, un ennemi, dans une vie où il est si difficile de se rencontrer, de se parler gentiment, de s'apprécier, le Club a compris que la plus grande aspiration des temps modernes était la refondation des liens humains, la reconquête du savoir-vivre ensemble. Aujourd'hui, les nouvelles campagnes du Club Med se concluent par un slogan, inimaginable il y a seulement quelques mois, « il reste tant de monde à découvrir ». Le pire, c'est que ça semble marcher.

La société des morales est peut-être encore balbutiante mais elle est en marche, et de façon irrémédiable. Ceux qui le comprendront et qui saisiront le sens profond de cette évolution pourront les premiers répondre aux nouvelles attentes de l'opinion. Ils seront les leaders de demain. Pour cela, il leur faudra être des guides et non plus de simples responsables. Celui qui prétendra demain guider la société devra être un chef moral avant d'être un chef de clan ou un chef de guerre. Son efficacité ne se jugera pas exclusivement sur de simples résultats mais sur la morale de son action et l'exemplarité de son comportement. De lui, on attendra de la fermeté. On ne peut l'accepter que si elle s'accompagne de justice.

La société française veut enfin sortir de cette société de la peur qui la marque au fer depuis bientôt trois décennies. Elle attend une refondation du pacte qui l'organise et des frontières morales qui l'encadrent. Cette société sera plus douce, moins violente, plus rassurante, mais il faut s'attendre à ce qu'elle soit moins indulgente au cynisme et intransigeante avec l'injustice. Peut-être que cette nouvelle société prépare une époque moins flamboyante, moins superbement décadente, en un mot plus ennuyeuse, mais certainement moins angoissante – pacifiée.

Un jour sera-t-elle peut-être à son tour remise en question, renversée même par une de ces réactions libertaires comme la France en connaît une ou deux par siècle. Si le désir vient du manque, le souffle de la liberté vient d'une trop grande rigidité. La société des morales sera certainement aussi rigide que la société de la peur était molle mais la France, aujourd'hui, a faim de rectitude.

Le pape, puis le président de la République française nous ont dit un jour : « N'ayez pas peur. » Cette injonction qui se voulait rassurante a peut-être participé sans le vouloir à la montée de l'inquiétude. Comment ne pas avoir peur lorsqu'on cherche à vous tranquilliser ? Ce n'est pas avec des paroles de réconfort que l'on sort de la société de la peur et de cette mécanique infernale qui transforme toutes les tentatives de protection en accélérateurs d'angoisse. Ce qu'il faut, ce livre a essayé d'en faire la démonstration, c'est une morale en action. Pas une morale qui prêche mais une morale qui construit de nouvelles règles. Pas une morale qui condamne la société et ses imperfections mais une morale qui structure le corps social. Aujourd'hui, cette société des morales est déjà à l'œuvre dans les comportements. Le doute s'estompe, l'engagement renaît, l'espoir reprend.

Aussi cette injonction, pontificale ou présidentielle, même si elle a marqué son temps, est aujourd'hui usée. Elle n'a peut-être déjà plus de raison d'être. La société de la peur est derrière nous, et ils ne le savaient pas.

Remerciements

Un grand merci pour son aide à toute l'équipe de Publics (Régis, Xavier, Pascale et les autres). Tous mes remerciements aussi à Pierre Giacometti pour l'intelligence et la finesse de ses remarques et la fiabilité de ses chiffres, ils m'ont été précieux.

Table

TROISIÈME PARTIE

LES TROIS ACCÉLÉRATEURS DE PEUR

QUATRIÈME PARTIE

LE SENTIMENT DE PERTE DE MAÎTRISE

CINQUIÈME PARTIE

LA SOCIÉTÉ DE LA PEUR : NOUVELLES DEMANDES, NOUVELLES RÉPONSES

SIXIÈME PARTIE

VERS UN CHANGEMENT DE LA SOCIÉTÉ ?

Cet ouvrage a été composé par
Nord Compo (Villeneuve-d'Ascq)
et imprimé par **Bussière**
à Saint-Amand-Montrond (Cher)
pour le compte des Éditions Plon
76, rue Bonaparte
Paris 6e

Achevé d'imprimer en septembre 2005.

N° d'édition : 13930. — N° d'impression : 053287/1.
Dépôt légal : août 2005.
Imprimé en France